超级IP

孵化原理

陈格雷 ◎著

机械工业出版社
CHINA MACHINE PRESS

本书从文化创作、品牌经济和产业化的角度，探索超级IP的孵化原理。导入部分讲述IP和超级IP是什么；第一部分讲述超级IP需要情感定位；第二部分讲述超级IP孵化的5S原理，包括文化母体、情感内核、IP角色、世界观、故事原型和符号设计；第三部分讲述打造超级IP的方法，以及IP的爆款规律、成长规律、实力指数等。

本书对超级IP孵化原理进行了系统化、产品化梳理，让文创产业的创业者、企业品牌运营者及一线工作者在开发IP时更加专业、更有效率。

图书在版编目（CIP）数据

超级IP孵化原理 / 陈格雷著. — 北京：机械工业
出版社，2020.3（2023.8重印）
ISBN 978-7-111-64852-9

Ⅰ.①超… Ⅱ.①陈… Ⅲ.①文化产业－品牌营销－
研究 Ⅳ.①G114

中国版本图书馆CIP数据核字（2020）第034348号

机械工业出版社（北京市百万庄大街22号 邮政编码100037）
策划编辑：刘怡丹 责任编辑：何 洋 刘怡丹
责任校对：李 伟 责任印制：孙 炜
北京联兴盛业印刷股份有限公司印刷

2023年8月第1版第7次印刷
170mm×242mm · 16.5印张 · 229千字
标准书号：ISBN 978-7-111-64852-9
定价：69.00元

电话服务 网络服务
客服电话：010-88361066 机 工 官 网：www.cmpbook.com
　　　　　010-88379833 机 工 官 博：weibo.com/cmp1952
　　　　　010-68326294 金 书 网：www.golden-book.com
封底无防伪标均为盗版 机工教育服务网：www.cmpedu.com

前　言

10多年前，当我从市场营销转入动漫文创时，"IP"这个概念还没有出现。在那个时候，品牌就是品牌，营销就是营销，动漫就是动漫，影视就是影视，游戏就是游戏，旅游景点就是旅游景点（而不是文旅），各行各业彼此隔离。

前几年，"IP"概念横空出世，出现了新的趋势：用一个IP概念，将文创和品牌、营销、商业、设计、潮流时尚等充分串联在一起，各种不同的细分行业都被纳入IP大产业链条上来，各自不再是一个个孤岛，通过跨界联合，产生了新的价值升级，**这就是泛IP时代的到来。**

然而，大多数的"IP开发"，都呈现出冒进、妄动的泡沫状态，最明显的现象，就是把"IP"和"超级IP"混为一谈：明明在做的只是一个初级IP，但感觉俨然就当自己是超级IP在运作、运营……企业品牌的IP化也同样迷局重重，虽然有极少数企业成功抓住了IP价值的核心，以远超传统企业的成长速度，为消费者创造出新的价值，但大多数企业的IP化都只是做得如同雾里看花、浅尝辄止。

IP能否成功，99%依靠孵化阶段的基因设计，这其中除了运气、天赋，很重要的一点就是专业认知。没有认知，IP开发问题就无法解决。

为什么IP开发很容易做不下去？最主要的原因是，由于开发者普遍缺乏对IP的真正认知，在孵化时期的IP普遍先天不足；同时，大多数关于IP的书和课程，要么太虚落不到实处，要么太注重短期不够长远，都很难真正触及IP的实处。

我发现自己很适合梳理IP孵化的原理，因为我同时具有品牌营销策划和文创IP孵化背景，具有这两种实战经验组合的人还真是不多：我是学传播出身的，最初做传媒记者，后来在广告营销业耕耘多年，为各种企业做了大量品牌和营销策划、创意及影视片，也获得了不少大奖。后来，因为想为自己的人生拓展新的领域，我从广告营销业转入文创，做了多年的动漫 IP 创造和运营，也做出了一些颇有影响力的动漫 IP。

于是，我从 2019 年年初开始，在微信公众号"IP 蛋炒饭"上不断思考、撰写一些关于 IP 孵化的文章，又潜心闭门三个月，将其系统化为一整套超级 IP 孵化原理——就是本书的内容。

本书一共分为四大部分，主要阐述了以下原理：

IP 是任何有文化沉淀价值的、有商业持续开发能力的无形资产。

在本书的导入部分，对 IP 概念进行了探究。IP 这一说法来自知识产权，其本质是无形资产的产权和收益权。无论这个 IP 是一部影视剧、一部动漫、一个形象，还是一个品牌、一个人或一个文旅项目，关键是用养成化的 IP 思维，对 IP 进行文化价值的沉淀，以及培养持续开发的商业能力。因此，IP 孵化其实是产品思维和资产培养，与传统创作观念不一样。

超级 IP 其实是超级文化符号。

参看全球的 IP 发展可以发现，从 IP 走向超级 IP 的过程，其实就是文化符号化的过程，只有发展成为影响力和跨界力很强的文化符号，才有可能成为超级 IP。所以，仅仅是畅销书、热门影视、热门动漫、热门品牌营销，都不是超级 IP。如果一个 IP 的文化影响力没有溢出行业，没有实现长期的跨界赋能力，就不足以称为超级 IP。

在 IP 向超级 IP 的发展道路上，要发展出文化与商业的结合力、各行业之间的文化联动力、版权的跨界赋能力，能将这些结合在一起的，只能是文化符号。总之，从孵化 IP 到成长为超级 IP，就是将 IP 炼成超级文化符号。

成为超级 IP 真不是那么简单的，超级文化符号的标准包括：高共情力、强情感定位等情感部分；强符号感、文化象征、亚文化体系等文化元素部分；强跨界力、高凝聚力等运营部分。这些内容会分别在本书的第一、第二、第三部分一一介绍。

有情感定位的 IP，才可能孵化为超级 IP。

在本书的第一部分，会深入阐述 IP 最基本的原则：情感定位。因为成功的 IP 和成功的品牌一样，都是对人性心智的占位。

我发现，但凡能长久的、在全球大获成功的超级 IP，概无例外，都在人心深处有一个独特的情感锚定，我称之为"IP 的情感定位"。这其实就是 IP 和人的情感连接以及情感共振。而众多不成功的 IP，或者曾经蹿红但很快随风而逝的 IP，往往只把重心放在拨动人们的浅层情绪上，或者过于理性，无法真正触动人的内心底层。

本书还会从脑科学的角度，阐述 IP 与人脑中哺乳脑（情感）及爬虫脑（本能）的关系，以及为什么 IP 的魅力来自情感和潜意识。

5S 原理，是超级 IP 孵化的产品思维。

在本书的第二部分，会进一步梳理出 IP 的 5 个基本要素，因为每个要素的英文都以 S 开头，所以称之为 5S 原理。

第一个 S 是情感（Sensibility），即 IP 的情感内核，既包括情感定位原点，又包括由信念（价值观）和欲念相互冲突形成的情感的天人交战。第二个 S 是角色（Starring），以及打造情感鲜明的 IP 角色的方法论。第三个 S 是世界观（Scenery）。IP 世界观就是根据 IP 主题和情感所创造出的独特世界规则，形成独特的情境。怎样设计 IP 的世界观，会有一套"六脉神剑"的方法论。第四个 S 是故事（Story）。不是所有的故事都能让 IP 成为超级 IP，相比之下，原型化、情感化的故事比社会化的故事更容易成功。第五个 S 是符号（Symbol）。超级 IP 最终在各个领域中呈现的是文化符号，所以，如果在起初孵化 IP 时不注重符号设计，会造成非常麻烦的后续发展问题。怎样进行 IP 符号设计，这一部分会有详细介绍。

5S 原理不只由 5 个 S 要素组成，还需要文化母体作为底盘。因为 IP 不是凭空成长的，而是需要依托在文化母体上。人类的各种文明经过漫长发展，会形成或正在形成各种文化，凡是有文化共识的记忆和感受、形成符号和仪式的，就是文化母体。怎样理解和运作文化母体，也是孵化 IP 非常重要的部分。

品牌 IP 化的成功，需要与产品／服务深度结合。

本书的第三部分会重点探讨企业 IP 化的孵化之道，以及 IP 的爆发原理、进阶原理和 IP 实力的评估指数。

企业的 IP 化其实就是品牌 IP 化，比较重要的观点有：企业需要做的是 IP 化，而不是为了 IP 做 IP；对企业 IP 化来说，从内到外，破壳而出的是生命，从外到内的只是短期营销；传统的品牌形象建设方法，会逐步被 IP 化方法取代；企业的 IP 化，要与产品／服务结合；产品／服务 IP 化的四种重要方法；最好的企业 IP 化路线是什么，等等。

而在 IP 的经营和养成方法上，重点阐述的内容包括：IP 爆款诞生所需要的四大要素；超级 IP 的三大进阶过程；IP 不只有孕育成长期、爆发期、收获期，其实还有消退期；真正强大的 IP 一定是小众狂欢、大众围观；IP 的两大实力指数是情感共鸣度与文化共识度；IP 赋能的能，是情感能 + 文化能；如何将 IP 的价值转化为一张简洁明了的 "IP 精神文化系统" 图表，等等。

总而言之，IP 孵化思维是产品思维，而不只是 "爆米花式" 快餐思维，也不是传统故事创作的文艺思维，其目标是打造情感力 + 文化力的产品。

本书最后的总结部分汇总了超级 IP 孵化的知识图谱，将 IP 孵化的各个重点浓缩为 52 张思维方法图表，让每个人都能轻松运用、抓住要害。

本书不仅适合文创、IP 开发运营，以及企业管理、品牌规划、市场营销人员阅读，也适合一般读者阅读。因为，在泛 IP 时代，最容易崛起的其实是个人 IP。有句话是 "再小的个体都有自己的品牌"，其实，个人品牌的本质就是个人 IP，应该用 IP 的打造方法，让个人获得成功。因此，本书适合每个想成为个人 IP 的人阅读。

陈格雷

2019 年 12 月

目 录

第二部分
超级 IP 孵化
的 5S 原理

第三部分

超级 IP 的

发展之道

总结部分

超级 IP 孵化

的知识图谱

导入部分

IP 和超级 IP 是什么?

孵化 IP 需要产品思维

超级 IP 其实是超级文化符号

IP 是无形资产的权益

IP 是知识产权（Intellectual Property）的英文缩写，因此，IP 的本质是无形资产的产权与收益权。下图是知识产权所涵盖的基本领域。

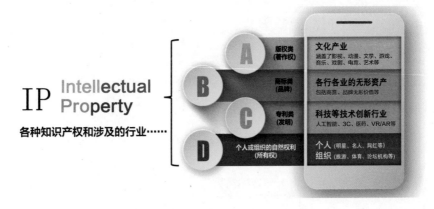

由于本书探讨的是文化而非科技，所以，是介绍 A 版权类（文化产业的原创内容）、B 商标类（各行各业的商业标识）和 D 个人或组织的自然权利这三类无形资产的权益及发展。

10 多年前，我从广告营销业转入动漫圈的时候，"IP"这个概念还没什么人提。在那个时候，动漫就是动漫，文学就是文学，影视就是影视，游戏就是游戏，营销就是营销，品牌就是品牌，旅游景点就是旅游景点，各行业彼此隔离，虽然彼此之间似乎有某种共性，但没有人想到用一个 IP 概念将它们整合在一起。

前几年爆发了一场 IP 热潮，极大地改变了国内的文化娱乐商业生态。

而有趣的是，在这场热潮中，对 IP 概念的认知，不同行业的人是相当不同的。

在影视行业，对 IP 的定义往往比较狭隘，主要就是指热门网络内容，然后用来改编成 IP 影视。这种观念造成的问题是，当这种所谓 IP 影视的效果远不如吹嘘的那样神奇时，就转变成对 IP 的质疑和谴责。

而在影视行业之外的各个产业，对 IP 的理解反而更到达本质：

<u>各种不同产业开始形成一种共识——IP 是任何有文化沉淀价值的、有商业持续开发能力的无形资产</u>，无论这个 IP 是一部影视剧、一部动漫、一个形象，还是像故宫这样的经典文化系统。这一理解显然更积极、更符合 IP 是无形资产权益的本义。

于是，在整个中国文化 + 商业生态基础上，出现了这样的整合趋势：<u>用一个 IP 概念，将文创、影视、动漫、游戏，与品牌营销、文旅、商业、设计、个人、潮流时尚等充分串联在一起，这就是泛 IP 时代。</u>

在泛 IP 时代，这些不同的细分行业都被纳入 IP 大产业链条上来，各自不再是一个个孤岛，而是通过跨界联合，产生了新的价值升级。

这是一种新的思考模型，我称之为"IP 思维"。而本书的宗旨就是：

以 IP 思维，
重新定义 IP 的孵化方式，
找到超级 IP 的方法论。

用 IP 思维孵化 IP

新 IP 思维其实是把 IP 看成一个蛋，而孵化 IP 的过程就像孵蛋，这就是"IP 养成模式"。

IP 从一个自属知识产权开始，破壳而生，逐步成长。大部分的蛋没落了，但总会有一些蛋成长起来，获得跨产业的、源源不绝的收益，发展为长期的品牌，而不只是一个内容作品，甚至成为超级 IP。

IP 创造与传统创作最本质的区别是，在 IP 创造中，情感定位、世界观、角色成型于故事之前，往往是先有角色的定型和宏观背景的设定，然后再延展具体的故事。

但这种作业方式，与国内大多数的内容公司或企业的 IP 开发是很不一样的。后者更愿意只考虑"怎样讲个好故事""拿出大部分成本请明星""尽快让营销数据好看起来"。这就注定了即使作品畅销，成为超级 IP 的基因仍然不足。

IP 孵化其实是产品思维和资产培养，与传统创作不一样。

传统创作的生意模式是"销售播映版权"，主要靠这一条腿走路，必然追求快钱。由于不追求长远可续的、以 IP 为中心的多元化经营，所以也就不追求 IP 文化价值的独特性，自然很难在将来发展成超级 IP。

比如，传统的影视大作品如果用的是公共文化 IP，像《三国演义》《西游记》《红楼梦》《水浒传》，都更喜欢直接照搬原名。真人版《西游记》大电影已经拍了三部，名字分别是《大闹天宫》《三打白骨精》《女儿国》，都没有起新的名字，虽然编撰了新故事，有大量新视觉效果，却没有打造自己的新文化符号体系。

而在新 IP 思维下，如果改编《西游记》，首先在名字上就会改为《大圣归来》，这样就能形成自己的独特专属 IP。而《哪吒之魔童降世》，不仅特意突出了"魔童降世"这一独创的名字，而且在剧情上出现了"灵珠""魔丸"等全新的名词概念，并作为主导。

这是因为，在新 IP 思维下，非常注重 IP 文化符号系统的独特性和专属性。因为只有拥有自己专属知识产权的文化符号体系，IP 才能长期发展，才有可能成为超级 IP。

最近看到大导演马丁·斯科塞斯对漫威电影略带贬义的评论："有人问了我一个关于漫威电影的问题……在我看来，它们更接近主题公园，而不是我一生都熟悉和喜爱的电影。"

其实斯科塞斯没有说错，虽然略带贬义，却点透了一个本质：

IP 开发，更像开发主题公园

所以，IP 开发非常需要主题公园式的产品思维，要在体系搭建和用户情感连接上用心和下功夫。这不是那么容易的，不仅要有硬件，更重要的是软件，即 IP 的主题公园式设定，包括从情感定位到世界观、哲学观的搭建，以及角色的深度设计，而故事是为此服务的。

国内众多的所谓"大 IP 烂片"，是当成"快餐"将就做出来的：有一个看起来还可以的故事，再请大量明星参演、花钱去把画面做得很漂亮，以为这就是在做超级 IP，其实仅仅是数据和流量的叠加。

真正的 IP 作品，与一般的"爆米花式"娱乐作品并不一样。后者由于系统不完善、定位不强，不可能有长久的跨界文化力。

流量叠加不等于超级 IP

IP 热非常有利于泛 IP 大文化产业的发展，但也导致了急功近利。尤其是，各种超级 IP 速成法层出不穷，一种速成的方法就是流量叠加，而且不是做加法，是做乘法，让流量乘以流量。从 IP 到超级 IP，仿佛只是咫尺之遥。

但是，这些所谓的速成超级 IP 的影视剧或电影，生命周期往往都非常短暂，几乎都是在热度还没有消退时，衍生品营收就已经急速下落，连一个能持续跨产业发展的都没有。

同样的泡沫也出现在企业的 IP 化营销上。前几年，经常有一些企业或营销类公司做出了一点点 IP 化营销成绩，就说这是一个超级 IP 的案例，而几年过去，现在也都无声无息了。

其实，这些的本质都是"忽悠"，不可能真正孵化出超级 IP。

怎样才能孵化出超级 IP 呢？首先要去除虚妄、回归根源，看看超级 IP 的本质，才能知道发展的方式。这是我对从 IP 到超级 IP 发展的描述：

IP 的初级阶段是知识产权
高级阶段是超级文化符号

超级 IP 其实是超级文化符号

从 IP 发展到超级 IP 的第一个基本要点:要有自己独有的形象符号系统,哪怕是来自共有经典文化,也一定要在形象符号上有所独创,形成专属于自己的。

参看全球所有的超级 IP,可以发现,从 IP 走向超级 IP 的过程,其实就是符号化的过程,只有发展成为影响力和跨界力很强的文化符号,才有可能成为超级 IP。

《精灵宝可梦》(Pokémon)之所以能成为超级 IP,是因为它不仅仅是内容,还创造出完整的宝可梦系统,以及以皮卡丘、可达鸭等为代表的符号性角色。

《哆啦 A 梦》中创造出了哆啦 A 梦这一形象识别力极强、使命责任感极明确的角色符号,从而成为超级 IP。

《星球大战》之所以超越众多科幻冒险电影,创造出巨大的跨产业市场价值,关键有两点:一是创造了独特的世界观体系;二是创造出绝地武士、黑武士、暴风兵等高度符号化的角色,从而成为超级 IP。

漫威和 DC 之所以被称为超级 IP，是因为它们不仅有强大的世界观，还有蜘蛛侠、钢铁侠、超人、蝙蝠侠等一系列极其鲜明的符号化角色。

能真正跨产业授权的只有符号，而不是内容。所以，没有文化符号的不会是超级 IP。

内容 IP，其实只是超级 IP 的"炼丹炉"，而不是超级 IP 本体。真正能进行广泛而长期跨界赋能的，是从内容"炼丹炉"中冶炼出来的文化符号。

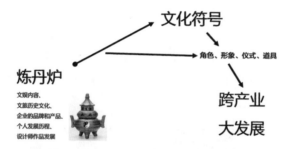

如果一个 IP 仅仅是内容本身做得不错，符号性欠缺，那么其跨界赋能力其实是非常有限的，往往只能进行内容层面的授权，比如我国的武侠文化 IP。

仅仅是畅销书、热门影视、热门动漫、热门品牌营销，都不是超级 IP。如果一个 IP 的文化影响力没有溢出行业，没有实现长期的跨界赋能力，就不足以称为超级 IP。

在 IP 向超级 IP 的发展道路上，要发展出文化与商业的结合力、各行业之

间的文化联动力、版权的跨界赋能力，能将这些结合在一起的，只能是文化符号。

总之，从孵化 IP 到成长为超级 IP，就是将 IP 炼成超级文化符号。

超级文化符号的标准包括：高共情力、强情感定位等情感部分；强符号感、文化象征、亚文化体系等文化元素部分；强跨界力、高凝聚力等运营部分。这些内容会分别在本书的第一、第二、第三部分一一介绍。

泛 IP 时代的五大 IP 领域

一切风暴都不是没有缘由的。中国为什么会出现 IP 热？因为中国的发展已经达到某个临界点了，需要通过"IP 思维"去开创出一个将大文化、跨行业、泛娱乐，和商业、品牌和产品融为一体的泛 IP 时代。

在泛 IP 时代，各种行业都能孵化 IP，条条大路通罗马，下图是我梳理的能孵化 IP 的五大领域，分别是文娱内容、企业及组织机构、文旅体育、个人、设计师或艺术家等。

第一类文娱内容，通过动漫、影视、游戏、音乐、文学、戏剧等来打造 IP。

第二类企业及组织机构，包括各种商业品牌、产品、服务，以及组织机构的 IP 化。

第三类文旅体育，包括各种文化景区、历史文物、城市、小镇、展览会以及体育竞技活动及体育俱乐部的 IP 等。

第四类个人，包括各种真人，如明星、网红、政治家、企业家，以及虚拟角色、虚拟偶像等的 IP。

第五类设计师或艺术家，包括其创作的各种潮玩形象、艺术品以及潮牌的 IP。

这五大领域的 IP 孵化又可以分为两类：

内容派与形象派

内容派主要是文创和娱乐行业，通过创造内容来打造 IP。

形象派主要是各种非文娱行业，通过创造形象符号来打造 IP。

内容派IP	形象派IP
通过原创内容，打造原生的 IP 价值	将各种现有的价值IP化（企业、文旅、个人、设计）

这两者相互交融，你中有我，我中有你。内容派 IP 最终要通过形象符号来实现跨界赋能，而形象派 IP 也往往要补充内容来加强 IP 能量。

下图是一些内容派和形象派的代表 IP。显然，不是只有内容能产生超级 IP，形象也可以。

内容派IP	形象派IP
动漫为主：迪士尼 / 皮克斯系列、哆啦 A 梦、龙珠、航海王等	企业 IP：M&M、米其林、麦当劳叔叔、多摩君、苏斯博士等
影视为主：哈利·波特、星球大战、魔戒、奥特曼、007、侏罗纪公园等	文旅 IP：故宫、熊本熊、大英博物馆、奥运吉祥物、NBA、著名俱乐部等
游戏为主：精灵宝可梦、超级马里奥、魔兽、使命召唤、最终幻想等	个人 IP：切·格瓦拉、玛丽莲·梦露、詹姆斯·迪恩虚拟 初音未来、Smiley、兔斯基等
综合：漫威、DC、变形金刚、高达、福音战士、美少女战士等	设计 IP：Hello Kitty、芭比娃娃、BAPE、乐高小人、KAWS、Molly 等

形象派 IP 虽然不需要内容，但也需要价值依托。比如，企业 IP 依托于企业品牌 / 产品的实力，故宫 IP 依托于故宫的悠久历史和文化瑰宝，奥运会吉祥物 IP 依托于奥运会影响力；而潮牌和潮玩类的 IP 则依托于潮流和艺术价值的打造，如 KAWS、Molly 等。

既然条条大路都能通往超级 IP，有哪些孵化模式呢？

八种超级 IP 的孵化模式

不同的 IP 产业化要求，会产生不同的 IP。在全球，主要有以下八种超级 IP 孵化模式：

第一种是迪士尼模式。其特点是在一个大集团旗下，实现从内容原创制作、媒体发行、主题乐园体验，到各种跨行业授权商品落地的全产业链闭环自主完成。迪士尼旗下的所有 IP 几乎都是这样做的，并不断收购优秀的 IP 原创公司或强大的 IP 加入，从皮克斯动画工作室，到漫威，再到《星球大战》。《哈利·波特》IP 也是这一模式，因为是由环球影业主控。

第二种是日本的制作委员会模式。其特点是不在一个大公司下，而是让创作者、出版公司、媒体及发行公司、广告传播公司、玩具公司、游戏公司、服饰公司等，以一个内容 IP 为中心，组成 IP 制作委员会，共同出钱，内容推出后，大家各自在所擅长的行业领域发力，一起将 IP 做大，并按出资比例分享收益。日本的大多数内容 IP 都是这样做的，从早期的《哆啦 A 梦》，到近期的《航海王》《火影忍者》等都是如此。

第三种是变形金刚模式，或称精灵宝可梦（皮卡丘）模式。其特点是，虽然也是依靠强大的内容，但 IP 本身，至少在初始孵化阶段，有鲜明的行业商业属性，而不是纯内容的。比如，变形金刚的背后是美国的孩之宝（Hasbro）公司，其动画起初就是为玩具服务的，后续一步步发展为全行业 IP 授权。这种在动漫行业被称为产业动画，代表 IP 还包括美泰玩具的芭比娃娃，以及国内奥飞玩具公司的巴啦啦小魔仙、超级飞侠等。而精灵宝可梦（皮卡丘）则来自任天堂公司的游戏，尽管也制作了动画和电影，非常受欢迎，但其核心产品始终是不断迭代进化的游戏。

第四种是米其林模式，即商业企业自主推出的 IP 形象模式。其特点是以形象为主导，核心功能是辅助品牌和产品发展，同时也做一些 IP 化的延伸。比如，米其林轮胎人既是代表米其林轮胎的形象，又延展到米其林美食指南，成为大厨。世界上绝大多数商业企业的 IP，都可以归入此类。代表 IP 包括国外的 M&M 巧克力豆公仔、七喜的 Fido Dido（七喜小子）、NHK 电视台的多摩君等，国内的则有江小白、三只松鼠等。LINE FRIENDS、KAKAO FRIENDS 本质上也是这种 IP 模式，以及国内的 QQ 企鹅。

第五种是乐高模式，即企业本身未必有一个特别强的 IP 形象，但企业的产品却不断与各种 IP 结合，成为不同 IP 的舞台，从而让自己的产品具有极强的文化 IP 属性。比如，乐高的玩具就不断与各种 IP 内容结合，推出主题化玩具，从星球大战到漫威、DC 和哈利·波特。同属于这种模式的国外 IP 包括 Zippo 打火机、Swatch（斯沃琪）手表、Moleskine 纸质笔记本、可口可乐瓶、优衣库的 UT、Supreme 服装等，在国内则有 RIO 鸡尾酒、气味图书馆等，以及李宁运动服装大力推进的国潮运动，也在将自己变成 IP 舞台。

第六种是 Hello Kitty 模式，或者称为设计师模式。其特点是由设计师或原画师创造，IP 从一开始诞生就是一个形象，可以直接应用于各种商品中。比如，Hello Kitty 来自日本著名礼品公司三丽鸥，在不断扩张和进入不同行业的过程中，始终以形象和设计迭代为主导。国际上著名的 KAWS、BAPE（猿人头，也称安逸猿）、大嘴猴，以及国内的魔鬼猫、HIPANDA 等，都属于这种模式。严格来说，LINE FRIENDS 也是这种模式，虽然依托于 LINE 软件，但本质上仍然是靠形象设计取胜。

第七种是吉祥物模式，或称熊本熊模式，往往为文旅和体育项目采用，就是通过设计一个吉祥物大使，让其代表文旅体育项目，出现在各种场合，执行各种任务，同时推出大量衍生品，成为文旅体育项目的重要收入来源。这种模式在体育、展览活动、文旅景区等领域都应用得非常普遍。比如，每一届奥运会、世博会都会专门推出吉祥物。在日本，基本上每一座城市甚至每一个乡镇，都有自己的吉祥物，为当地做出各种贡献，甚至还有一年一度的城镇吉祥物评比大赛。吉祥物模式和 Hello Kitty 的设计师模式有很多相近之处，但前者相对来说更依赖于其文化母体的力量，比如奥运会。熊本熊 IP 其实是同时跨越这两种模式的，所以既依托于熊本市在日本发展，又能以纯形象风行全球。

第八种是故宫模式。故宫并没有吉祥物，却能将其丰富的文化内涵、文化角色、文物精品都发展为各种不同的 IP 衍生产品。这种 IP 模式的源头可以是任何东西，比如一个人，如切·格瓦拉、玛丽莲·梦露，也可以是一条路，如美国的 66 号公路。只要这个源头具备足够强的文化共识和个性特征，就可以被 IP 化，并衍生为各种产品。

右图是这八种 IP 孵化模式的汇总，按照单一主控或合作众包、内容主导或商品主导四个象限将它们一一放入。不同的产业模式决定了 IP 的使命和发展路径。

任何模式的超级 IP 发展，都离不开基本产业的支持。过去，我国的制造业和消费商业虽然日益发达，但是对 IP 发展的支持是不够的，尤其是文化产品消费、情感消费，比起纯实用性消费或不动产投资相差甚远。

但时代在前进,在改变,正在逐步将 IP 发展所需要的产业底层落实。比如，近几年出现了的各种文化消费新趋势，从文旅新娱乐到 IP 化商品，都在蓬勃发展。特别是随"盲盒热"崛起的潮玩新零售，取得了惊人的销售成绩，这些都将为我国的文创 IP 提供众多新颖的、非常关键的变现途径。

另一个重要趋势，是中国电影在超级英雄、科幻、动画三种类型上的巨大突破。众所周知，好莱坞电影之所以能在全球保持压倒性优势，关键就是在英雄、科幻、动画三种类型上的强势统治力，让其他文化的电影很难匹敌。而就在最近三年，超级英雄片《战狼 2》、科幻片《流浪地球》、动画片《哪吒之魔童降世》相继成功，票房全部超过 40 亿元，位列中国电影总票房的前三甲，这是非常好的兆头。

还有一个重要趋势，是品牌 IP 化的崛起。从京东的小狗 JOY，到天猫的黑猫，再到江小白酒、三只松鼠零食，这些由商业型企业开发的 IP，或者是品牌的重要辅助角色，或者直接就是 IP 化品牌，都非常注重从形象到内容的 IP 打造以及与消费者的情感联系，给商业带来了前所未有的情感温度。

所有这些都正在预示着，中国本土 IP 距离超级 IP 不远了。我们需要的，是真正按照 IP 产品思维，去孵化、打造 IP。

在后续的部分会陆续介绍：如何给 IP 进行情感定位，如何结合文化母体，以及如何打造故事内容、创造世界观、设计角色形象、设计衍生符号，等等。

这些都是用 IP 思维孵化 IP 的关键组成，是 IP 方法论的系统化。

Part One

第一部分

超级 IP 需要情感定位

有情感定位的 IP 蛋，
才可能孵化为超级 IP

1.1 定位异同：品牌入脑，IP 走心

IP 和品牌都是对人性心智的占位

"定位"这个概念，早已在品牌和营销业界获得共识，代表着品牌或产品在人性心智中的空缺占位。我之所以认为 IP 的成功也是一种定位，是因为，我在对上千个成功的 IP 和更多不够成功的 IP 进行考察后发现：

但凡能长久的、在全球大获成功的超级 IP，概无例外，都在人心深处有一个独特的情感锚定，称之为"IP 的情感定位"。甚至可以说，必须是有情感定位的 IP，才可能发展为超级 IP。

而众多不成功的 IP，或者曾经蹿红但很快随风而逝的 IP，往往只把重心放在拨动人们的浅层情绪上，或者过于理性，无法真正触动人的内心底层。

我将 IP 和品牌进行了比较：

（1）成功 IP 和成功品牌，都是对人性心智的占位。这一点是非常相似的，完全可以将 IP 的成功理解为 IP 对人类心灵的某种定位的成功。就像品牌如果缺乏独特有力的定位，很难长期发展为强势品牌，IP 如果没有独特的、占据人心的定位，也很难长期发展为强大的超级 IP。

（2）不同之处在于，品牌定位更接近心智中的"智"，更理智化、逻辑化；而 IP 定位更接近于心智中的"心"，更情感化、本能化。

（3）还有一点明显不同是，品牌定位往往依靠一句话，加上"视觉锤"；

而 IP 定位更多依靠的是形象、故事或直觉，不只有"视觉锤"，还有"本能锤"：强大的内容 IP 有故事和世界观做支持，而另一些强大的形象 IP 则连文字和说辞都不需要，甚至连理由也不需要，就是靠形象和直觉，做到直指人心、直叩人性的潜意识。

（4）品牌与 IP 在商业上的差别是，品牌依托于行业和产品，而 IP 能自构建与消费者的信任闭环，能自发完成消费者联系。

总之，在心智的战场上——

品牌判断在脑，IP 感受在心

品牌定位和 IP 定位对人性意识的锚定位置是不同的。为了更明显地展示两者的差别，我特意绘制了一张人性意识分层图：

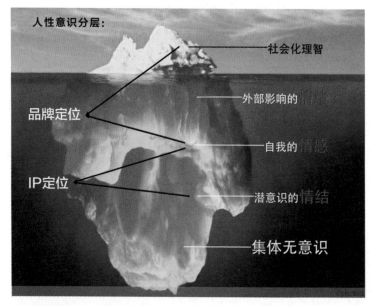

从上图可以看出，人性的意识很像冰山，大部分都在水下，只有小部分

在水上，这就是显意识和潜意识的区别：当一个人在进行对外表述时，其实表述的只是理智的、社会化的显意识，一个人的绝大部分底层情感和集体无意识极少表述出来，即使表述，也会进行理智和社会化的过滤。

这就像在电影《我和我的祖国》里"女排夺冠"中的一段：小男孩冬冬奔跑追向小女孩未能成功，被父亲截住，极痛苦的情感无法直接表达，号啕而出的只是一句："爸，咱家的电视天线太烂了！"底层的情感诉求往往只能通过曲线的转换，变成社会化意识表达。

同理，品牌或 IP 等无形知识资产的任务，就是在人们的意识中留下或深或浅的印记，从而与人们发生或深或浅的意识联系。

这在营销学上被称为定位，在心理学上被称为共识，在大数据上则更通俗易懂地被称为标签化——品牌也好、IP 也好，都会在大数据中形成一个个标签，方便进行检索和匹配。

在前面的人性意识分层图中，为什么品牌定位更靠近水面？因为品牌价值是理性意识与感性意识的结合，因为品牌要实现的共识一定不是纯感性的，而是结合了让消费者选择购买的道理。

而 IP 的定位为什么更靠近底层？因为 IP 的价值是感性意识与更底层的隐性潜意识的结合，因为 IP 要实现的共识，不仅是感性的共情，还会进入更深层次的集体无意识，从而与人们实现更深层次的联系。

从下图我们可以对两者的差异一目了然。

品牌定位		IP定位	
理性 ➕ 感性		感性 ➕ 隐性	
社会化理智	自我意识	自我意识	潜意识情感

品牌定位的经典例子很多,比如在《定位》一书中提到的有可口可乐的"正宗可乐"定位,七喜汽水的"非可乐"定位,安飞士租车的"第二"定位,还有宝洁公司的多品牌覆盖不同定位。而在我国市场上,比较著名的有王老吉凉茶的"不上火"定位,百度搜索的"百度更懂中文"定位(这个是我当时策划的)。

很显然,这些品牌定位都有鲜明的理由成分,能在消费者的大脑中锚定一个理智化的位置,并成为销售的购买原因。

而成功的 IP 定位,则具有明显的情感及潜意识成分,<u>一定是一个能打动内心深处的情感共振点</u>。比如,加菲猫的"懒"定位,超人的"英雄"定位,蜡笔小新的"贱"定位,哆啦 A 梦的"解决童年苦恼"定位,大白的"呵护"定位, Hello Kitty 的"天然萌"定位,等等。

懒	加菲猫 猪八戒 懒羊羊	英雄	超人 蜘蛛侠 钢铁侠	贱	蜡笔小新 流氓兔
解决 童年 苦恼	哆啦A梦	呵护	大白	萌	Hello Kitty

这一个个情感共振点,就像一个个锚,<u>锚定在人类心灵的某个位置</u>,所以既强大又持久。你可能很多年没看过加菲猫,但不妨碍你<u>一看见加菲猫,内心的"懒"本能就上脑了</u>;我是长大后才开始看哆啦 A 梦的故事的,但不影响引起自己对童年感受的强烈共振,因为<u>每个人的童年都难免像小学生野比大雄那样遇到困难时感到无力</u>,所以我们都需要哆啦 A 梦。

总之,品牌定位是让人来做判断的,而 IP 定位是让人来感受的,判断在脑,感受在心,两者相辅相成,并不矛盾,但需要两套不同的思维体系去理解、运作。

品牌和 IP 的异同点总表

	品牌	IP
知识产权	商标权	著作权
心智战场	入脑	走心
意识层次	显意识	潜意识
意识属性	理智	情感
认知方式	判断	感受
商业点	立足行业	跨界行业
扩张点	消费需求	文化共识
文商关系	商业带动文化	文化驱动商业
成功模式	底部爆，上部成 (产品)　(品牌)	中心爆，周边成 (形象/内容)(产品)

品牌和 IP 最终一定会合体的，因为 IP 本来就是更深文化维度的品牌。对企业来说，未来的品牌策略，自然会有 IP+ 策略在其中，不分彼此；从本质的角度看，品牌和 IP 都是知识产权，知识就是内容，而产权就是价值的归属。

当然，这个 IP 化的过程，远远不只是将品牌形象化那么简单，需要真正下沉到企业的产品、服务当中去才行。

1.2　定位情感：洞察人心的情感层次

人性意识分层：情绪、情感、情结

在上一节中，谈到了 IP 需要情感定位：有情感定位的 IP，才可能发展为超级 IP。

而情感定位是有强弱之分的，虽然所有的 IP 都会含有情感，但大部分 IP 都有情感定位不强的问题，导致 IP 的能量不持久，很容易随时代的变迁而消逝。

IP 为什么会发生情感定位不强呢？让我们先回到这张人性意识分层图：

在人性意识中，最顶部是**社会化理智**，然后进入水下，从浅到深分别是**情绪**、**情感**、**情结**（潜意识），最底部是集体无意识，共同构成人的意识结构。下面着重对情绪、情感、情结这三种情感做进一步的阐述。

"情绪"是人最浅层、最容易受外界刺激的感受，也是想让一个 IP 快速走红必须经过的路径。走红爆款，从心理学上说，就是使大量人群的情绪受到直接冲击。所以，一个 IP 若想成功，总是需要几次广泛而浅显的情绪共振。

情绪的优点和缺点都很明显。其优点是能快速与大众心理呼应，形成爆点。它往往与社会热点、热门时事、长期积压的某种生活不满或者是长期积累的某种生活快感等联系起来，从事件出发，以情绪推动，从而引发社会的快速传播效应。

但依靠情绪的 IP 缺点是来得快去得也快。因为它对人性的挖掘是浅层次的，当时过境迁，社会热点快速转换后，IP 就很容易被遗忘，只能不断提高情绪煽动的阈值。最终，大众要么麻木，要么强烈反噬。"咪蒙"是一个最具代表性的例子。

所以，情绪虽然必要，但仅靠煽动情绪是无法形成 IP 定位的，因为情绪很容易随时间的推移和时代的变迁而消失，这正是众多一时红火的 IP 无法走得更远的原因。

"情感"是比情绪更深层次、更稳定的人性意识，是可以被认知的、清晰的情感定态，也是组建自我认知的关键，所以经常被称为"自我情感"。

但凡比较成功的 IP 和品牌，都会在情感这一层级形成定位。

"情感"层次所展现的意识，大家一般耳熟能详，比如爱、关怀、呵护、慈悲、自信、自尊、自强、成长、独立等，往往就是人们描述一个成功 IP 或品牌时所会用到的词语，来自人们对它们真切的感受。

人们经常将"情感"与"价值观"混为一谈，但其实两者是有区别的。

能形成定位的 "IP 价值观"，本质还是立足在"自我情感"上，如果不能立足于"自我情感"，那"价值观"一定是虚无缥缈、空洞虚伪的。

很多非常成功的超级 IP，说不出来其"价值观"是什么。这类明显的例子之一是 Hello Kitty：你也许根本说不出来 Hello Kitty 的价值观，但并不妨碍你喜爱它。

"情结"是更深层次的情感，非常接近集体无意识（潜意识）。不像"自我情感"可以很容易地表述出来，"情结"往往不方便言说，却会被强烈感知，也非常强大。总之，情结是超越人类社会历史的、由生物进化而长期沉淀下来的、与人性本能相关的东西。

> 情结（Complex）是一种心理学术语，是指重要的无意识组合，或藏在人们心理状态中、强烈而无意识的冲动，是无意识中的一个结，由一群集体无意识与信念形成的结。荣格（Jung）认为，情结是观念、情感、意象的综合体。由此可知，情结不仅有情感，还有意象表现，这与成功 IP 的特征极为相似。

情结是普世的、泛人性的，能超越民族、文化、生活习惯和不同时代的隔阂。所以，有"情结"定位的 IP，往往能成为全球化 IP。

下面列举三个全球化超级 IP 的情感定位：

【熊本熊】

熊本熊代表人类潜意识中

最"呆憨"的

那一面情结，所以人们
会情不自禁喜欢上熊本熊

喜欢熊本熊不是因为故事，它就没有故事，人们其实是被它"呆憨"的表情、状态、动作所直接打动的。这种"呆憨"其实是某种内在的、底层人性的萌化表达，所以喜欢熊本熊是无法言述的，<u>它代表了人类潜意识中无辜、简单的那一面</u>，让人们不由自主地喜欢。

【加菲猫】

加菲猫代表人类潜意识中的

"懒"

所以能击中每个人内心的软
肋，自然深受喜爱

懒是一种人性中本能的情感，是一种与安全、休息、保护有极大关系的潜意识需求。加菲猫的漫画故事其实际投射的是人的本身，是人类"懒"性的投影，所以能击中人们的内心，自然广受喜爱。

【奥特曼】

很多成年人都很难理解为什么奥特曼能在低龄儿童中如此受欢迎，包括曾经的我。直到我的儿子降生后，我发现他在 7 岁以前看奥特曼，一集又一集地看个没完，一到奥特曼大战各种怪兽的时候，更是目不转睛、瞠目结舌，这激发了我研究的兴趣。

经过研究后我发现，奥特曼打怪兽，其实是远古时期原始人与大型野兽搏斗的再现。这种记忆不是图书带来的，而是本来就印在人类的集体无意识记忆当中的，所以当儿童的理性还远未发育完成时，这种来自集体无意识的印记自然会深深吸引他们。

上述三个 IP 都是将"情感定位"锚定在人类最底层潜意识，所以它们能超越国家、民族和文化的区隔，成为全球化的 IP，并且经得起时代变迁的考验。

孵化 IP 的情感发展三步骤

王小塞是我多年的朋友，他在看了我的文章后说："社交爆款营销首先是情绪营销，就是利用这种情绪产生的快速去与用户沟通而形成迅速传播。后续发展，则存在由浅入深的三个境界：情绪体现的是当下的欲望，情感是普世的人性，情结则更多的是深层的文化。"

我将其继续展开，就是孵化 IP 的情感发展三步骤：

孵化 IP 的情感发展三步骤：

种子期：	发芽期：	成长期：
深层次情感定位	浅层次情绪爆破	构建IP自我情感

IP 在种子期，首先要进行深层次的情感定位，至少是"自我情感"甚至更深层的"情结"，并由此进行形象设计及故事设计。

然后，在推出 IP 时，如果要快速爆发，就必须找到"情绪突破口"，只要情绪抓得准，契合了当下时代的某种需求，就能与人们形成爆破式沟通和迅速传播，IP 就能成功发芽。

再之后，进入长久的成长期，就是不断在原有的情感定位上进行打磨、深挖，通过不断强化定位，来完成 IP"自我情感"的建设，使 IP 定位能真正立得住。如果 IP 的情感定位足够深层和普适，就能在发展中超越时代和地区的局限，获得长期发展。

在这里，我想先谈谈 IP 的种子期孵化。

种子期的情感内核是极为关键的。如果一开始在 IP 种子里就有深层次的情感定位，生命周期一定会相当长久，即使后续发展时有所掉落，只要有合适的新时机、新的投入，仍然有机会重新站起来。情感定位就像一个烙印，烙在人们的人性意识中，定位越深刻，烙印自然也就越深，不容易因表层的风吹雨打而消逝。

反之，很多即时性内容、大多数网红，因为是靠抓住表面人性而成功的，所以经常经不起时间的考验，只要时代和传媒有变化，就会很快消失。然而我们的时代本身就是在快速变化的，传媒的内容表现形式也一直在变。

IP 案例：张小盒

我和团队所创造的第一个 IP 张小盒，依靠的就是在种子期抓住了一种打动人心的情感。

在 2008 年创造张小盒时，我并没有非常系统的 IP 建设想法，只是想将自己积累已久的都市白领生活感受表达出来，并且不断抓住各种社会情绪的热点（这是让张小盒快速崛起的重要因素）。但是随着内容的发展，我和团队逐渐发现，最具有能量的是张小盒生活在盒子化社会中那种既窘迫又不甘于被命运摆布的、不屈服的情怀。正是这种情怀，让很多人感同身受，而真正被打动并且传颂。

当读者们看到一个方脑壳的漫画形象小白领，在堆满文件的办公桌前辛勤工作时的样子，既无助又执着，就自然而然被打动了。我后来才明白，这就是张小盒 IP 的情感内核：既有在无助和压力中树立的"自我情感"，又暗合了人性中最基本的奋斗式"情结"。

总之，在 IP 种子期，有深层的情感定位，是头等重要的事。

而在 IP 发芽期，抓住情绪爆破点、让 IP 快速爆发最重要。

到了 IP 成长期，反复强化情感定位和综合整体发展都非常重要。其中后者既包括 IP 世界观的完善、角色形象的完善、符号设计的系统化等，还包括媒体和社群的运营力。

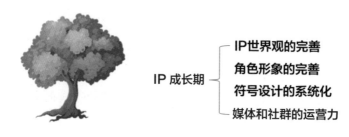

IP 成长期 ──┌ IP世界观的完善
            ├ 角色形象的完善
            ├ 符号设计的系统化
            └ 媒体和社群的运营力

关于 IP 从酝酿、爆发到成长的过程，在本书的第三部分"超级 IP 的发展之道"中有更详细的阐述。

1.3　定位依据："三位一体"脑理论

什么是"三位一体"脑理论

一个 IP 的情感定位越是贴近底层情感，其打动人心的力量就越是让理智和逻辑无法阻挡，这背后是"三位一体"脑理论在发挥作用。

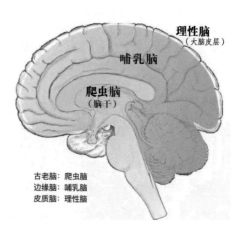

"三位一体脑"（Triune Brain）是美国国家精神卫生研究院大脑研究和行为实验室主任麦克林（Mclean）提出的。此理论根据演化阶段，将大脑分成爬虫脑哺乳脑和理性脑，随着整个生物和人类的进化而产生，分别对应脑干小脑、杏仁核海马体边缘系统和大脑皮层。

【爬虫脑】

第一阶段演化的大脑称为爬虫脑或脑干，于 2.5 亿年前演化形成。人类的爬虫脑和其他爬虫类动物的大脑在本质上并无二致，是不受意志控制的、冲动的,并带有强迫性,就像一台计算机的固化程序,是被写入的死板的回应。爬虫脑执着于自我防卫,在防备敌人,或是在现代社会中过马路闪躲车辆时,都可发挥保护自己的功能。另外,爬虫脑也不会从经验中学习,而是倾向于一再重复已经写入大脑的反应。

爬虫脑的任务是为了生存,因此其控制生命基本功能,如心跳、呼吸、打架、逃命、喂食和繁殖等,而不包含任何思考,甚至也不包括感情,只是一种本能反应。

爬虫脑倾向于斗争多于倾向于合作。叶茂中曾经写过一本关于营销创意的书叫作《冲突》,认为有效的营销都是诉求于各种冲突的,这个"冲突"与生物学中爬虫脑的斗争功能非常相近,是基于本能的脑意识。

【哺乳脑】

第二阶段演化的大脑称为哺乳脑,于 5 千万年前演化而成。人类的哺乳脑与所有哺乳类动物的大脑在本质上并无二致,包含感觉和情绪,拥有玩乐的欲望,也是母性的来源。哺乳类动物会照顾自己的后代,而爬虫类动物则不会这样做。

哺乳脑让人们对真正、实在和重要的事情有所感受,其带来的核心人性意识是对"爱"以及"快乐"的追求。这几乎是大多数文艺作品的感性主题追求,也是大量的营销活动、品牌塑造所依据的人性。

【理性脑】

第三阶段演化的大脑称为理性脑或皮质脑,这就是人们的显意识。理性脑自 4 万年前便存在,目前依旧持续演化。

发达的大脑皮质层具有推理、形成概念、计划以及调整情绪反应的功能,是理性活动的中心,是解决问题、分析、判断、控制冲动,以及组织信息、从过去的经验与错误中学习、同情他人等能力的所在。

爬虫脑、哺乳脑和理性脑是三台不同的、各自运行的大脑计算机:爬虫脑主管本能和无意识;哺乳脑主管情感和情绪;理性脑主管思考和逻辑。

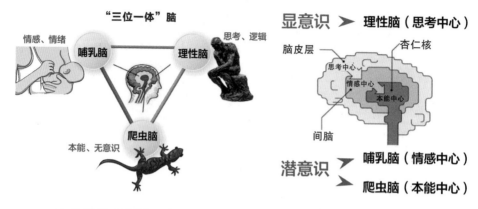

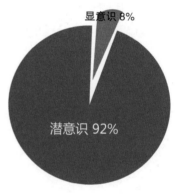

IP 定位的情感层次，与"三位一体"脑的构成紧密相关：

在人脑中，掌管显意识的理性脑仅占 8%，掌管潜意识的爬虫脑和哺乳脑两者合计占据大脑的 92%。所以，潜意识其实比显意识要广阔和深邃得多。

这正是 IP 情感定位强大力量的源泉——IP 所激发的情感，是定位在哺乳脑甚至爬虫脑的潜意识情感上，一旦成功，理性脑 / 显意识根本无法阻挡，人们可以无须语言和文字，甚至无须理由就直接产生喜爱之情。

显意识与潜意识的 9 种"相爱相杀"

《大脑》（*The Brain*）这本书里说道，显意识通过理性分析经验建立价值系统，潜意识通过情绪建立价值系统，这就形成了两大价值系统——理性价值和感性价值。这两者之间有巨大的差异，既不断冲突，又不断合作，以应对人生的各种挑战，有时应对得当，有时又因为协调不好而应对失当。

下面具体谈谈显意识和潜意识的冲突与合作方式，这与 IP 的魅力息息相关。

1. 视觉

只有显意识能通过双眼视物，而潜意识却无法视物，只能看到显意识所看到的东西。这就意味着：潜意识无法区分实际和想象！这一点非常重要，而且已经被心理学家通过实验证明。

潜意识会用同样的方式响应实际发生的和想象发生的事件，两者对潜意识来说并没有区别。例如，当你梦到怪兽的时候，你身体的反应和实际看到怪兽时的反应是一样的。遭遇危机或战或逃的响应机制启动，让肾上腺素进入血液，导致你的身体出汗和心跳加速等。但实际上并没有怪兽或真实的威胁在你身边。

这就意味着，当一个 IP 通过想象化创造时，虽然只是通过显意识以文字、图像或视频形式收到，但传递给潜意识后，对潜意识来讲是没有区别的，和真实事物一样，其根本反应是一样的。尽管你可以在理性上告知自己这不是事实，但潜意识仍然不加区分，因为加以区分从来就不是潜意识的能力。

所以，一定是更感性化的、更有想象力的，或者说更潜意识化、本能化的图形、视频能够在人脑的情感中心留下烙印，形成情感定位。这也正是感性化 IP 的力量大于理性化 IP 力量的原因。

2. 沟通

显意识主要用语言沟通。这就是为什么拥有大量词汇很重要，因为词汇是传达思想的工具。而潜意识拥有的词汇较少，不擅用言词沟通。多数人的梦境不会包含语言，因为潜意识主要用影像和情感沟通。例如，你（的显意识）可能会说："我很害怕，但是我不知道为什么我害怕。"而你的潜意识表达害怕的方式，可能是让怪兽在梦境中追赶你。

这就意味着，越接近梦境式表达的 IP 内容，并通过图形、影像以高符号感的方式表达出来，越具有成为强大 IP 甚至超级 IP 的可能性。所以，那些童话、神话、寓言等经典的故事原型，往往是超级 IP 内容的底层模型，因为这是经过千百年的反复认证、沉淀下来的潜意识原型。

3. 功能

显意识是单线程的思维行为，而潜意识是多线程的思维行为。

显意识有一个重要特性，就是一次只能做一件事；而潜意识可以在同一时间内完成千百件事情。正如我们不需要苦心孤诣地想着呼吸、想着消化食物、想着对抗外来细胞、想着释放胰岛素等；感到热的时候，也不用思考出汗的问题。这些都由潜意识自动解决。

以学习开车的经过为例。当一个人在学车时，因为是通过显意识学习的，而让显意识在同一时间做很多件事情是十分困难的，所以在学习时总是会顾此失彼。不过，当你真正熟悉之后，这些开车的动作就能够交给潜意识了，于是开车就变得很简单。因为这一连串动作不再需要通过只能做一件事的显意识去做，而是通过能同时做多件事的潜意识去完成。

另一个例子是打高尔夫球。在学打高尔夫球的时候，挥杆时要同时考虑很多事。初学者挥杆的动作往往笨拙、不流畅，不过当你把每一个动作输入潜意识后，挥杆时就不需要多加思索。事实上，挥杆时（用显意识）考虑再三，反而会阻碍你的表现。

这就是为什么 IP 所提供的价值不会是单一、明确的解决方法，而更多的是从感知到感悟的生命意识。

4. 客观与主观

显意识是客观思考，潜意识是主观趋向。

显意识会客观分析字词，比如，"母亲"这个词是指女性家长。而潜意识会以主观的方式赋予字词其他含义，比如，听到"母亲"一词，会带给你各种相关的感觉，而这些感觉就来自你的潜意识。

显意识是有知觉的，知道人、事、物和条件；而潜意识有的不是知觉，只是纯感觉。所以，IP 的本质是感觉，只有上升到文化层面，才形成知觉和共识。

5. 记忆空间

显意识的记忆空间有限,多数为短暂记忆力,就像计算机里的临时内存;而潜意识却拥有无限的记忆空间,就像计算机里的硬盘,但这种记忆的储存并不精确。

比如,一个人在人生中的各种体验都会留下相当的记忆,但这种回忆往往不牢靠,有些是真的发生过,有些其实经过了改装,甚至并没有存在过。

所以,每个人的大脑里都有一个记忆的图书馆,但图书馆馆长却是一个无法理性的、神经兮兮的潜意识家伙,在表面上井井有条的条目下,经常有记忆被随性地移来移去。

6. 控制

当显意识和潜意识发生冲突时,赢家往往是潜意识,所以,知道如何控制潜意识,最有可能获胜。当一个人学到如何影响并控制潜意识,而不被潜意识控制时,就能创造出自己的专属精灵!

当一个人要对其他人提出建议,需要改变别人的行动时,加入情感打动对方会更有效。因为在潜意识中,情感就是力量。理性的意识能够写出程序,但必须使用情感的力量来获得成功。

显意识可以指挥潜意识行动,并扭转一些过于情绪化的负面思考方式,但同时,显意识有时候会过于虚伪、生硬甚至僵化。适当地加入一些潜意识,会让人生有温度和滋润感,这正是 IP 的力量。

所以,显意识和潜意识能否相互合作,对健康的人生是非常重要的。在这个过程中,好的 IP 能起到很好的心灵疗愈作用。

7. 时间

显意识存在于人们所知的时间,是过去、现在和未来,而潜意识只存在于现在。这些年非常流行的一个说法"活在当下",其实就是一种在显意识的指挥下,更强调潜意识感受和行动的生活方式。

所以，好的 IP 往往能重构时间和空间。一个成功的想象化 IP，往往能构建自己专属的时空结构。比如，"哈利·波特"里的魔法师空间和时间线；"魔戒"里的架空世界；"三体"所搭建的完全以宇宙维度来衡量的时空进程。

8. 意志与能量

显意识拥有意志，意志是显意识开始或引导某项想法的能力，意志能引导一个人的思路。

而潜意识拥有的是能量，我们所有的生命能量其实都来自潜意识，而非显意识。如果将大脑比作一台计算机，那么显意识是运作的程序，而 CPU 和长期内存都是属于潜意识的。潜意识的能量源源不绝，因为人的大脑在其一生中全年无休地在工作。

大脑是可以发电的，大脑所产生的微小电量能产生巨大的心理力量，潜意识可将这些电量转换成欲望、情绪、冲动，或紧张带来的刺痛等真实发生在人类大脑中的情况，就是"发电产生了爱"。

所以，强大的 IP 都拥有强大的心灵能量。换句话说，IP 如果想真正强大，一定要立足于人的情感中心。

9. 认知与成长

显意识有强大的认知能力，以逻辑思考，运用先见和后见之明，还使用归纳法和演绎法分析，拥有抽象思考、理性分析、批判、选择、辨别、计划、发明和构成能力。

而潜意识的认知能力确实很弱，因为不用逻辑思考，仅靠感觉行事。潜意识是七情六欲的来源，爱、恨、焦虑、恐惧、嫉妒、悲伤、愤怒、喜乐、欲望等情感，都来自潜意识。当你说"我觉得……"时，就源自你的潜意识。

几乎所有成功的 IP 故事，核心都是一个角色能否完成蜕变和成长……

从脑科学来看，这就是显意识和潜意识在经过相互的冲突后，通过相互合作而完成的。如果成功，就是一个正剧；如果失败，就是一个悲剧。

关于显意识和潜意识的冲突与合作，在本书第二部分 2.3 节的"情感内核"部分，还会有关于"天人交战"更详细的描述。

IP 定位 =80% 情感 +20% 理智

从脑科学的角度来看，IP 的大量感性诉求瞄准的是人的间脑，即前文所说的情感中心；而理性诉求瞄准的是人的大脑皮层，即理性中心。一旦 IP 激发出潜意识的力量，理性中心就只能跟随。这正是很多 IP 风靡全球、大受喜爱和打动人心的原因。

在宫崎骏所创造的众多内容中，龙猫只是他早期的一部小电影，1988 年就上映了，当时并没有大热。但几十年过去，龙猫的魅力始终不减，在我国也同样极受欢迎。

龙猫是宫崎骏 IP 宇宙中的一个强大的超级 IP，原因无他，就是因为龙猫的情感定位极其贴近人性的底层：人们可以凭直觉和本能而喜爱龙猫，它宛如人类童年的守护精灵。

《千与千寻》是宫崎骏最杰出的作品之一，也是他全球票房最高、影响力最大的作品。全片创造了一个极具魅力的异世界，讲述了小女孩千寻意外进入异世界和失去了名字，在少年白龙的帮助下寻回了自己，并帮助其他人完成救赎和觉醒的故事。

有趣的是，这部影片最受欢迎的 IP 形象，不是女主角千寻，不是男主角白龙，也不是反派汤婆婆，而是一位配角——无脸男。

无脸男是《千与千寻》中最受欢迎的超级 IP 形象。他是一个接近于"无"的配角，却最受欢迎，衍生品最多，这不是刻意为之，而是观众自发的选择。

这是因为，无脸男在《千与千寻》的所有角色中，其情感定位最接近潜意识，他象征人性被现代社会污染的阴暗面，象征孤独和贪欲，但在骨子里又有一种天然的无辜和可怜。

因此，无脸男成为《千与千寻》的文化符号，其周边产品比比皆是。

黑武士是《星球大战》中最受欢迎的 IP 形象，拥有最多的衍生品，远远超过主角卢克·天行者和女主角莱娅公主，以及哈里森·福特饰演的魅力船长。

黑武士在情感定位上，代表着人类潜意识中的阴影。阴影象征着心灵感受的被压抑的能量，是人们内心世界里被压抑的怪兽之家，是阴暗的、未曾实现的或者被抛弃的一面。

让我们看看黑武士在电影中的呈现：导演卢卡斯一再要求，黑武士必须特别高大、有一种天然无形的压迫感，并且穿着包裹全身的厚厚的黑甲。正是这样的表现，进一步增强了人性阴影的符号象征感。尤其在第三部结尾时，卢卡斯又特意安排让黑武士成为主角卢克的父亲，震撼了所有观众。

将人性的阴影极具符号化地表现出来，又结合了人类被父亲角色压抑的心理，成就了达斯·维德黑武士的超级 IP 形象。

不管是无脸男还是黑武士，都充分证明了：越接近情感潜意识的 IP 角色，越能打动人，越有可能成为超级 IP。

比上述案例更有代表性的一个 IP，是排名全球 50 大 IP 第二位的 Hello Kitty。

Hello Kitty 完全不依靠内容、只依靠形象而取得了在全球的巨大成功，这是因为，Hello Kitty 的情感定位其实是在比"自我情感"更深层次、更本能化的"情结"上，直达潜意识，与人性的底层形成共情效应。

当然，像 Hello Kitty 这样的 IP 形象很难设计出来，可以说可遇不可求，全球加起来也没有多少，还有如熊本熊、芭比娃娃等。

另外，Hello Kitty 并不是完全没有运用显意识，其各种层出不穷的设计、不断调整的着装和形象变化，就是在运用显意识，去结合各种时尚、潮流和文化元素，这样才能让 Hello Kitty 历久弥新。

这就是情感为体、理智为用，是让一个 IP 迈向超级 IP 必不可少的工具。

IP定位

80%情感 + 20%理智

总之，能定位在潜意识情感脑的 IP，更容易实现全球化发展，不受民族、国家等区域文化的隔阂，因为其激发的是"三位一体"脑中的哺乳脑和爬虫脑。

1.4 深入定位：贴近潜意识的 16 种情结

在情结上的 IP 定位最强大

有强大共识的超级 IP，可以分为传统 IP 和现代 IP。传统 IP 包括各种信仰系统（宗教和民间信仰等）、经典文化系统（故宫、著名地区、著名文化艺术、文物）等，这些都是在长期历史沉淀下形成的文化共识。

而现代 IP 没有足够长的时间去沉淀，但这并不影响一个 IP 在推出后的短短几十年时间内，发展为年度营收过百亿美元的超级 IP。比如，在全球 50 大 IP 的榜单内，排名第 1 的是诞生于 1996 年的精灵宝可梦（皮卡丘），其年度营收约 950 亿美元；排名第 2 的 Hello Kitty，年度营收约 800 亿美元；而排名第 50 的火影忍者，年度营收也有约 101 亿美元。

是什么力量能让一个 IP 在如此短的时间内实现如此大的跨产业价值呢？其根源就在情感定位的深度上。正如之前所分析的，<u>最具有深度和力量的，是定位在人性"情结"上的 IP</u>。

情结是人性欲望与人类集体无意识相结合的点，如同中国风水中的结穴。最强大的 IP，都是在情结上形成的情感定位。

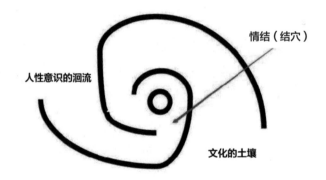

如果把情感比作河流，文化比作土壤，那<u>情结就是河流回旋沉淀下的冲积地，不只能生长出内容，还能生长出 IP 社群和 IP 亚文化</u>。

IP 定位越接近情结，越不受时代喧嚣的干扰，不受国家、文化、种族的差异化影响，越有可能成为全球化的超级文化符号。

总之，<u>越是定位在最基本人性"情结"并能将暗黑潜意识能量转化为正向能量的 IP，越有可能成为超级 IP</u>。

16 种贴近潜意识的情结

用文化心理学的说法，任何成功的文化 IP，其核心都是一个人类共通的情感经验模式，即"原型"。

情结就是潜意识情感的原型。

这些年来，我经过深入探究，整理出 16 种最贴近潜意识的情结原型。这也许还不能完全覆盖，但我相信，至少能给 IP 的创造者一个比较完整的指引。

16 种情结

色的情结	懒的情结	傻瓜情结	阴影情结
负能量情结	热血情结	反叛情结	超能力情结
搏斗情结	傲娇情结	呆萌情结	逗趣情结
长不大情结	成人礼情结	宠伴情结	开悟情结

1. 色的情结

排在第一位的是"色的情结"。色就是性，是人最基本的本能之一。总有一些超级性感偶像，如玛丽莲·梦露、美少女战士等能风靡全球；而且不同的民族和亚文明都有自己经典的风流浪子形象，即使时代变换也会涌现新的形象，如国外的唐璜，我国的唐伯虎、韦小宝等。

蜡笔小新是一个典型"色的情结"定位的 IP，这就是很多人不把蜡笔小新列为儿童动漫而作为成人动漫的原因。从本质上看，蜡笔小新就是将成年男人的性等意识，以孩童的、天真的方式表达出来，让人既看着有趣，又无伤大雅。这很像弗洛伊德在《梦的解析》中所说的，一些性的、难以启齿的观念，在梦中以不一样的方式呈现出来，非常成功。

梦露的造型和身材比例十分符合当代女性性感觉，而詹姆士·迪恩的形象则是非常符合当代男性性感觉，所以他们都能成为符号化的个人 IP，经久不衰。

此外还有白雪公主吃了一口毒苹果而死去，后因王子而复活，这是一个非常具有女性的性成长寓意的 IP 故事。

小黄人，按照最初《卑鄙的我》
中的设定，其实就是发明家教授将
香蕉粉倒入胶囊中制成的，所以它
们的本质就是一群小香蕉胶囊，从色
彩到造型，都极具性潜意识的象征。

由于"色的情结"足够基本、足够强大，所以我们能在不同的媒体、不同的表达方式上，发现各种以暗示或直白的方式出现的新性感 IP，从影视、动漫到潮流玩具，而且每一次出现新媒体风潮、新文化动向，都会涌现出新的代表性 IP。

2. 懒的情结

"懒"也是一种基本的人性潜意识情结。人天生就有不想动、想要坐享其成的属性，即使对那些很勤奋的人，"懒"也会有天然的吸引力，因为这是人的一种本性。人们会出自天性、不可抗拒地去观看与"懒"有关的作品，喜欢上代表"懒"的 IP 角色。

懒是一种本能的情结，一种与安全、休息、保护有极大关系的潜意识需求。加菲猫的"懒"其实投射的是人的本身，是人性潜意识的投影。所以，看"加菲猫"漫画是有天然快感的。因为加菲猫表达了懒的天性，它仇恨星期一、贪吃，而且还懒得天经地义，这实在很让人受用。

猪八戒也是一个极具代表性的例子。而且，猪八戒不只是"懒"，还有"色"以及后面会提到的"逗趣"情结。同时具备三个情结，难怪它能和孙悟空一起，成为具有魅力、经久不衰的超级文化符号。

根据统计,在《喜羊羊与灰太狼》的观众中,喜欢"懒羊羊"这个好吃懒做、总想蒙混过关的角色的观众人数远远大于毫无缺点的喜羊羊。这是因为,喜羊羊其实是按照社会化理智的显意识塑造出来的理想角色,反而不够"接地气"、不易打动人心。人们觉得,懒羊羊才是更贴近自己的、情不自禁喜爱的角色。

懒的情结,往往与贪吃结合在一起,这两者几乎不可分离,共同组成了人内心深处最无法摆脱的一种追求。

3. 傻瓜情结

"傻瓜情结"式角色或故事很难做好,一旦做好了,就是经典,如《阿甘正传》、《士兵突击》、卓别林、憨豆先生、《三傻大闹宝莱坞》等。

"傻瓜"为什么深受欢迎,是因为"傻瓜"状态是一种本真的状态,有直接触动心灵的能力,所以"傻瓜"是"傻"而能量强大的。中国人经常用另一个词"愚者"来代替,这就很有"大智若愚"的意味了。其实这个"大智若愚"的"大智",不是普通的可言说的智慧,而是对本性的穿透。

正如乔布斯所说的:"Stay hungry,Stay foolish."(保持饥饿,保持愚蠢)傻 / 愚这种生命状态,能够让人们更加贴近生命的本相。

阿甘虽然是一个常人认为的"傻子",但是他保留了最朴实的单纯和天真,诚信、善良、忠贞在他身上得到自然而然地体现。

许三多也是一个"傻子",却征服了现实生活中的绝大多数观众。因为这个角色有一种钝感的魅力,一种迟钝、缺心眼、一根筋的忠诚本色,一种不会玩弄权谋的、执着和善良的品质。

憨豆先生也是一个极为缺心眼的"傻瓜",一方面我行我素、处处添乱,另一方面又富有爱心、极其友善和充满童趣。憨豆先生其实有一种打破生活的表层,直击生活荒诞和真实意义的潜意识能量。

"熊本熊"之所以备受欢迎、人见人爱,就是因为它的"呆憨"。其实你只要认真看"熊本熊"的形象，将它想象成一个人，其实就是个呆憨到爆的孩子。所以，"熊本熊"的形象并不是完美的，甚至从人的角度看，是有严重缺陷的，但是作为一只熊，反而变得极具萌感。

人们喜欢熊本熊不是依靠故事，而是被它极为"呆憨"的表情、状态、动作所直接打动。这种"呆憨"其实就是内在的、底层潜意识的萌化表达，所以喜欢熊本熊往往是情不自禁的。

4. 阴影情结

"阴影情结"是潜意识中被压抑的暗黑能量。用荣格的话来说，它就是人们内心那个与自己相随而又不被承认的角落。

"阴影情结"在故事里会被投射到恶人、反派或敌人等角色身上，往往表现为阴暗的角色、未曾实现的愿望或者被抛弃的身份。当心理创伤或罪恶被放逐到阴暗的无意识当中就会"化脓"，这些被否定的情感会转化为毁灭性的恐怖力。

这么看起来，"阴影情结"似乎非常坏。但为什么我要重点提及呢？因为"阴影"角色往往有着巨大的感动力，甚至比主角还要吸引人。

想想《星球大战》中的"黑武士"、《哈利·波特》中的"伏地魔"、《千与千寻》中的"无脸男"还有《喜羊羊与灰太狼》中的"灰太狼"，你会发现，这些反派或悲剧式人物深深地刻印在观众心中，形成了强大的 IP 定位。

"伏地魔"是当代最经典的大反派 IP 之一，是《哈利·波特》魔法世界中黑暗力量集大成的角色。他是一个被抛弃的孤儿、麻瓜和巫师的混血、旷世的天才，有自己强大的执念。他和哈利·波特加在一起，正好代表了一个人的恶与善的两面性。换个角度看，如果没有伏地魔，魔法世界是不完整的，哈利·波特也是不完整的。

再说说"无脸男"。《千与千寻》中的"无脸男"代表的是现代社会中被无尽饕餮物欲追求吞没和控制的人，以一种无助的、虚弱的、彷徨的方式表现出来。它以一张苍白的、带着血红泪滴的面具掩盖住自己的脸，在面具背后其实是千千万万的现实人类，具有极强的象征和概括意义，所以成为著名的"阴影情结"IP 角色之一。

灰太狼也是大反派，有与生俱来的要吃羊肉的欲望，所以是恶的；但同时，它有一点和"无脸人"非常相近，令无数辛苦打拼的现代人从灰太狼身上看到了自己：不断奋斗却又不断失败，却又永不气馁。

同时，灰太狼深爱妻子红太狼，这使得这一角色很有厚度和温度，形象非常饱满，并实现了从"负"转"正"，以至于很多人都认为"嫁人要嫁灰太狼"。这也让灰太狼成为这部动画中最受欢迎的 IP 角色之一。

所以，应该用开放的眼光看待"阴影情结"，将其理解为未被转化的生命潜能。将它们压抑在阴暗的领域是有害的，但如果放到阳光下，照亮它，阴影就有可能转化为正面能量，而且魅力非常大。

5. 负能量情结

第五个"情结"称为"负能量情结"，因为负能量不只是懒、色或者阴影，还有丧、颓、废、嚣张霸道等。

美国成人动画《马男波杰克》可以说是一部集合了各种负能量情结的作品。其主角波杰克是一匹中年过气明星马，正面临严重的个人危机，故事中还有很多颓废的人物，同时有很多抑郁的情节，以一种黑色幽默的方式表现出来。

世界著名的设计师类 IP：KAWS，其情感基因就是负能量的"丧"，其核心符号标识是"两个交叉",代表着否定与自我否定,来自反文化非主流。有趣的是,KAWS 不断通过对各种经典时尚、经典 IP 的否定式、反诘式戏谑,反而成为新时尚的 IP 坐标。

我国其实也有这类情结的 IP,也是设计师创造的,如魔鬼猫。这个中国原创的 IP 形象,其实就是来自负能量星球的。从魔鬼猫的名字到张开大口的样子,本身就具有强烈的暗黑气质,而同时,红色与欢乐的表情,又相当"燃"和正能量,再加上"吞噬负能量"这个品牌化主张,充分实现了负能量转正,并且会比一般的正能量形象,潜意识能量要大得多。

运用"负能量情结"创造 IP 角色一定要记住,如果想超越内容,成为超级文化符号,<u>仅仅有负能量是不够的,还必须进行对抗和转化,由负转正</u>。

6. 热血情结

"热血情结"是一种与青春化、抗争紧密结合的情结,其力量无须置疑,因为这是人成长到青春期自然呈现的生命基本状态。

从《灌篮高手》到《圣斗士星矢》,热血类作品和人物形象一直备受欢迎,"燃烧吧,小宇宙!"的台词也非常深入人心,成为流行语。

<u>"热血情结"是青春的本色,是代表年轻和鲜活力量的生命能量</u>,每一代人、不同的文化都需要属于自己的热血作品和热血角色。所以,"热血情结"总能每隔一段时间就涌现出新的 IP 内容、新的 IP 角色,广受欢迎。

如果要孵化出"热血情结"的超级 IP,故事或形象必须反世故、纯粹而热血,太过世故、"宫斗化"的角色则无法成为真正的热血系 IP。

7. 反叛情结

"反叛情结"也是人类无法掩饰的一种基本天性,这种情结有可能带来一些灾难,但也是推动世界前进的动力。

很多人非常欣赏"叛逆者",如切·格瓦拉、詹姆斯·迪恩,以及苹果的《1984》广告,建立起自己永恒的"叛逆者"形象。这是因为,<u>"叛逆者"能深深触动人性中不安的天性。甚至有人说,每一个人都要经过"叛逆期"才能真正长大成人。</u>

切·格瓦拉作为一个资本主义建制社会的反对者、叛逆者,以悲情英雄的故事,成为当代最著名的个人 IP 之一。

从最初的哪吒到"哪吒闹海"时的哪吒,再到最新一代"魔童降世"中的哪吒,他始终是叛逆精神的代表。

一个每集只有 2 分钟的动画短剧《越狱兔》,因风格叛逆、脑洞大开,曾经在全球引起轰动,仅凭短片就缔造了大量的衍生品,创造了奇迹。

8. 超能力情结

人总是渴望超越平凡的自己,拥有各种想象得到甚至想象不到的超能力,成为盖世英雄,去反抗或拯救世界,这就是"超能力情结"。

我国著名的超级 IP 角色,如孙悟空、哪吒,还有各种武侠英雄,都是"超能力情结"的代表。

而在国外,也有大量的超能力英雄在不同的文化和国家中存在,如法国漫画中的高卢英雄阿斯特克斯、比利时的丁丁、古希腊的大力士赫拉克勒斯、日本的阿童木,以及美国漫威、DC 的众多超级英雄:超人、蜘蛛侠、蝙蝠侠、钢铁侠等。

所有"超能力英雄"IP,一定有正反两大要素:

第一,超能力英雄要有自己独特的强大技能,并配以相应的超强道具。

比如,孙悟空是金箍棒、七十二变、筋斗云、火眼金睛等;哪吒是风火轮、混天绫、乾坤圈、火尖枪等;超人是来自氪星的全套超能力和一套超人服装;蜘蛛侠是飞天遁地、发射蛛丝和一套蜘蛛侠服装,等等。

第二，超能力英雄会有一个基本弱点，让他们失去力量。比如，孙悟空是紧箍咒；超人是遇到来自氪星的石头；蜘蛛侠的弱点则是人性上的，他还在青春期，有很多不确定性；而哪吒也和蜘蛛侠类似，有不稳定的内在人格。

这种英雄有致命弱点的有趣设定，被称为"阿喀琉斯之踵"。这一说法源自希腊神话：超级英雄阿喀琉斯虽然无比强大不会受伤，但却有着脚后跟这个致命弱点，最终因此被杀死。

为什么会这样设定？因为完全完美的、彻底"高大上"的英雄是不能打动人的内心深处的，凡事皆有正负极，超能力英雄必须有一个能打破其超能的弱点，才能更鲜活、有血有肉。人们想看的并不只是超能力英雄的无所不能，还想看到他们如何因致命弱点而遇到危险和死亡的危机，并突破或避开危险。这才是能打动人心的过程。

9.搏斗情结

"搏斗情结"是人类与生俱来的、为生存而奋斗的本能。从远古时代起，人类就在和野兽搏斗，这种记忆转为集体无意识，埋藏在人类意识的深处，并通过"奥特曼打怪兽"的形式表现出来，因而奥特曼受到对集体无意识最具有直接感知力的孩童们的喜爱。

《猫和老鼠》动画片体现的是最基本的天性斗争，当人们观看时，总是会自然而然地被吸引住，产生天然的快感，这是无法阻挡的。其实在其剧情中，猫和老鼠并没有善恶之分，甚至老鼠杰瑞具有强大的反击力，让猫汤姆屡屡失败。这一反转增加了情趣，让最原生态的搏斗情结变得搞笑和有趣了。

为什么李小龙的功夫片能风靡全球，李小龙的形象能成为全球熟知的中国 IP 符号？这是因为功夫作为搏斗的一种，直接贴近人类的潜意识，而李小龙又展现得最为简单、纯粹，从双节棍的道具到明黄色的服装，再到其出手时的叫声，都是最为鲜明的符号系统，所以可以超越国家和文化的障碍，风行世界。

10. 傲娇情结

"傲娇情结"展现的是潜意识中不屈服的生命张力，代表了生命中特立独行的、"拽"的情态。

"傲娇情结"的 IP 角色很容易引起人们自发的喜爱甚至传播，因为它展现了大多数人在生活中不敢肆放的一面，"我拽我做主"。所以，无论是 Molly 潮玩公仔、兔斯基表情、"吾皇"系列漫画，在我国都备受追捧。

从最初以一个小画家的身份诞生之日起，撅着嘴就是 Molly 最显著的特征。无论 Molly 更换多少服装、穿越到任何文化里，都始终保持着一副撅着嘴的傲娇样子。

兔斯基表情推出时，如同闪电惊雷一般打破了之前表情只会卖萌的惯例。这只白兔子以既自恋又自负的傲娇动作，映射出新一代年轻人的自我意识和个性，迅速走红，而"傲娇"始终是它最打动人的情感点。

吾皇（白茶）也是如此，它极其张扬的自我，通过一种唯我独尊的"皇式"态度达到了极致。喜欢它的人，会发自内心地与这种傲娇的精神产生共振。

怪盗基德是典型的"傲娇情结"者，他自恋、自以为是。其实，在生活中遇到这样的人可能挺令人讨厌的，但作为故事中的角色，却不同凡响。同样类似的角色还有《樱桃小丸子》中的花轮同学，以及《航海王》中的众多角色。

总之，"傲娇"类形象 IP 非常受我国的年轻人欢迎，因为贴合了年轻人希望不同于父辈的一种生活态度和自我主张。

11. 呆萌情结

"呆萌情结"是一种当潜意识冲动处于波澜不惊中的人性基本状态，它貌似没有强烈反应、没表情、一脸懵，其实却具有随时转化为其他能量的能力。

Hello Kitty 是"呆萌情结"的全球著名代表：它看似面无表情，却自然地抓住人心。

而 LINE 家族中的头号角色布朗熊，则是呆萌中的呆萌：它貌似完全没有任何表情，彻底的一脸懵，却有着超强的情感联系力，让人不由自主地喜欢上它。

阿狸 IP 也是呆萌情结的杰出代表。它始终能用一种童真而又温暖的情感去与粉丝们进行连接，从而营造出一种童话的感觉。

近几年在"抖音"崛起的萌芽熊 IP 则是另一种"治愈系呆萌"。萌芽熊是一只从多肉植物中诞生的小熊，这是它最与众不同的一点：植物系萌宠，多肉植物出身，使它天然具有令人舒服和缓解压力的特质。

张小盒则是另一种在盒子化城市里的"呆萌"生活状态。他的现实生活感很强，将现代人在都市生活中的"囧"感充分展现出来，并暗藏着执着的力量。

"呆萌情结"和"治愈系"故事之间关系很深，几乎所有以"呆萌情结"为主角的轻故事，都是"治愈系"的。按治愈系故事的设定，一般是清新的、温暖的、节奏舒缓的，以能让人会心一笑的生活小细节故事为主，自然温暖人心和净化心灵。

12. 逗趣情结

"逗趣情结"是人性潜意识中的恶作剧能量的化身,其角色往往极为谐趣,有一种不太正经的态度,惹人发笑,让人轻松愉快。

"逗趣情结"的心理能量很强,尤其是能化解那些特别严肃、沉重的东西。几乎所有的喜剧明星都可以归类为"逗趣型"IP,而"逗趣"如果与"愚者"(傻瓜)结合,更是能诞生超级喜剧巨星。

海贼团全员都是非常搞笑的角色,大部分都自带逗趣属性。罗宾原本是高冷的"御姐"形象,在上了路飞的船后,也变得逗趣了,时不时就说一些恐怖的话,吓得乌索普都不敢听她说话了。

所以,航海王整个大IP都可以说是以"逗趣情结"为中心的,并结合了"超能力情结",塑造了许多非常谐趣搞怪的英雄。

北欧神话传说中的洛基是一个非常搞怪的角色,洛基的真正原型比《复仇者联盟》中的洛基还要有趣得多。《怪物史莱克》中的驴子也是一个典型的逗趣角色,还有《冰雪奇缘》的小雪人。几乎所有迪士尼动画大片里,都会出现"逗趣型"的小配角,可以算得上是标配了。

"逗趣情结"的力量在于:

(1)将人类膨胀的自我切成碎片进行嘲弄。

（2）揪出人类表面的虚伪和愚蠢做派。

（3）借着恶作剧和口误，警示生活。

（4）揭示生活的荒诞，给意识带来健康疗愈。

"逗趣"往往是真相的催化剂，能在嬉笑中撕开现状，展现更本质的真实，既能让我们自嘲，也能让我们自省。

13. 长不大情结

"不长大的孩子"是文艺作品的永恒主题之一，经典的作品包括《彼得·潘》《小王子》《名侦探柯南》等。

在"不长大的孩子"背后，深藏着一种潜意识的"长不大情结"，代表着人类潜意识中拒绝成熟、永远童真的那一面。

据说，绝大多数人虽然长大了，心里还藏着一个小男孩或一个小女孩，时不时会忍不住出来捣乱。所以，定位于"长不大情结"的角色，总是有着莫大的吸引力。

荣格提出过一个说法，即"圣童"（Divine Child），用来说明人的内心有一个永不长大的小孩。荣格认为，圣童在人类本性的深处所诞生，象征着幼小的心灵、生命的潜力以及自我的新生，但同时也很轻浮妄动、乐天顽皮，以及永远不以长大成熟为目标。

"长不大情结"也可以被称为"小飞侠情结"。《彼得·潘》是一本著名的童话作品，书中描绘了一个永不长大的"小飞侠"彼得·潘（Peter Pan），生活在一个叫"永无乡"（Never Land）的岛屿上，与坏蛋铁钩船长（代表成年人的功利）进行着永恒的斗争，并与代表原始力量的酋长公主虎莲结为盟友。他来到现实世界，带着代表正常人类小孩的小女孩温迪和她的两个弟弟，前往永无乡玩耍、冒险，当冒险任务完成后，彼得·潘会送孩子们回家，并将此事忘记。

另一个著名的不长大的孩子角色是小王子。小王子生活在一个孤独的星球，与玫瑰、火山和猴面包树相伴，出于对未知世界的好奇和自我的探寻，小王子离开了自己的星球，在经过多个暗喻人性状态的小星球后，他来到了地球，降落在撒哈拉沙漠上，与一个飞机师（作者）相遇，并从童真的视角，对人类社会的很多规则和问题进行了质疑。最后，小王子决定离开，以死亡的方式回到了自己的星球。

14. 成人礼情结

和上一种情结相反，人性中不仅有拒绝长大的一面，也有渴望长大的一面，而这一面，表现为"成人礼情结"。

我之所以要在"成人"后面加上一个"礼"，是因为如果仅仅是渴望长大成人，太过寻常、普遍，不足以形成 IP 符号。所以，"成人礼"才是形成强大 IP 的关键。

《哈利·波特》讲的就是一群孩子长大成人的故事，但通过巫师世界特殊的入校礼、分院仪式、毕业礼，使之形成非常特殊的文化符号系统。

《狮子王》讲述的也是一个孩子如何在失去父亲和社会地位、颠沛流离后，长大成人的故事。它的成人礼是狮王的加冕仪式，也是全片最令人激动和兴奋的场景。

"成人礼"是一种对孩子长大成人的加冕，具有强大的心灵魔力。拥有这样内容的 IP，非常具有成为超级 IP 的潜质。

15. 宠伴情结

<u>"宠伴情结"即人性中对宠物、非人类伙伴的信任、需要与爱。</u>

"宠伴情结"源远流长，早在远古时期人类驯狼为犬时就开始了，宠伴一直是人类生活和对抗危险的好帮手。

而到了现代故事，宠物式伙伴则赋予了新的童话式传奇，<u>从皮卡丘、哆啦 A 梦到大白，都具有一种全新的神奇能力，帮助主人渡过各种难关，克服成长的问题。</u>

要做到真正受人喜爱，必须让角色接近甚至锚定到潜意识，而这种角色往往不那么沉重，非常轻松，这正是"宠物 / 伙伴型"IP 角色的精髓。

"宠伴情结"很容易诞生超级强大 IP 角色，在全球排名 50 强的 IP 榜单上，有超过 1/3 是宠伴式角色。但因为种种原因，我国的 IP 在这部分成功的例子还比较少，有极大的可发展空间。

以下是三个著名的"宠伴型"IP 角色：哆啦 A 梦是童年的伙伴；皮卡丘是冒险的伙伴；大白是健康的伙伴。它们的精神境界都非常纯粹，直达我们潜意识深处的伙伴需要。

不只是内容型 IP，品牌 IP 也同样容易以"伙伴"的身份成功：

M&M 把巧克力豆变成宠物公仔，可爱得让人不忍心吃掉，又很想吃掉。

NHK 电视台把电视服务变成小怪兽，多摩君虽然有一张血盆大口，却非常可爱。

米其林轮胎人是令人类可以放心出行的好伙伴。

16. 开悟情结

<u>"开悟情结"也可以称为"导师情结"，代表着人性潜意识自我升华的渴求</u>，可以说是一种最高等级的情感能量。

开悟蕴含在人性最基本的基因里，不仅是人性对升华的渴求，也是一种

人性对自身巨大潜力的发现。自古以来，在没有经书、大道甚至文字之前，人类就已经天然具备了开悟的能力。

"开悟情结"是宗教和神话 IP 的核心。每一种不同的宗教、不同的超现实信仰，都有不同的开悟之道。这些宗教和信仰 IP 凝聚成一个个经典的超级文化符号，指引着人类。

而在现代故事中，"开悟情结"往往以超然、睿智的导师形式出现，比如《哈利·波特》中的邓布利多、《星球大战》中的尤达大师等。

"开悟情结"同时也因不同的文化，有不同的开悟方式，但不管是哪种方式，都是殊途同归，代表着人性对更高层次升华的渴求。

每一种"开悟情结"的 IP 都会树立一种精神典范，也是人类意识进化的顶峰。在这个潜意识能级，一定是超越对原有人性意识的、超越对身体或"自我"的执着的。

所以，"开悟情结"的 IP 角色如果要成功，一定需要有强大、独特的世界观作为支撑，通过塑造"弧光式"成长的 IP 角色，打造系统化的仪式、道具，才可能获得成功。

成功 IP 角色有多种情结

上面介绍了 16 种最贴近潜意识的情结原型，有助于在孵化 IP 时，尽可能有效地将角色的情感挖得更深、情感定位更加扎实，让 IP 角色更具有深层感动力。

值得注意的是，能大获成功的 IP 角色往往不只具有一种情结，而是同时涵盖了多种情结。

只有单一情结的 IP 角色往往比较单薄，而同时有多种情结的 IP 角色，内涵更加饱满、丰富。例如以下著名 IP 角色：

孙悟空，同时有超能力英雄情结、逗趣情结和傲娇情结。

猪八戒，同时有懒的情结、逗趣情结和色的情结。

哈利·波特，同时有呆萌情结、超能力英雄情结和成人礼情结。

蜡笔小新，同时有色的情结、逗趣情结和傲娇情结。

航海王的众多角色，同时有傲娇情结、逗趣情结和超能力英雄等情结。

同时有多种情结的 IP 角色，能与人们形成多维度的情感连接，也能更好地发展内容、创造故事，自然也就更为强大。

总之，孵化 IP 的本质不是物理过程，而是生物化学反应。所以，梳理出情结是一种很有用的辅助工具，能让 IP 角色变得更好，但不能确保 IP 一定成功。IP 最终能否成功，仍然是依靠机遇和勤奋的结合。

1.5 落实定位：共情效应 IP 成功的关键

情感定位是 IP 的 CPU

IP 如同一台计算机，情感定位就是 IP 的 CPU，操控着一个个 IP 软件：角色、故事、世界观和文化符号系统。不同 IP 之间的能量差异，其实就是情感定位 CPU 的运算能力差异，情感定位越在底层，运算能力就越强。

看一个 IP 的内容能否尽快取得成功，以及能否取得长期成功，关键就是要看 IP 的情感诉求主要在哪个层次。如果只定位在情绪，就必然很浅。如果定位在社会化理智，这是很多大品牌的 IP 或者文旅、文化项目的 IP 经常会发生的情况：以为只要强调这个 IP 很棒，有很多历史文化、很多名人背书就够了。这是典型的理智化定位做法，会发生情感定位不足的问题。

IP 定位分为浅层和深层，层次越深越持久。不是有越多关注、越多话题就是强大 IP，真正深层次的强大 IP，是不需要话题性、不需要太多热度就能自然存在而强大的。

"萌"是傻白甜，"贱"是放低自己，"丧"是以吐槽的方式更认真地对待生活……这些都比那些高高在上的 IP 更具有深入人心的力量。

如果要做的只是短期营销，那么触达情绪就已经足够了，或者是借用别的 IP，进行跨界式 IP 营销合作。如果做的是品牌，而且是从现在开始做品牌，那么就要考虑 IP 化，考虑如何锚定自我情感甚至是情结。因为人性意识是分层次的，当一个 IP 内容或 IP 形象触及的是人性的不同层面时，决定了 IP 情感的深度，也就是长期的情感温度。

深层次的 IP 定位不只有温度，还能让 IP 成为某种情感的标准

最有力的品牌定位都是在定位标准：可口可乐定义了可乐的标准，苹果定义了不同凡"想"的标准，耐克定义了个性的标准……而最成功的 IP 则定义了情感的标准：加菲猫定义了"懒"的标准，哆啦 A 梦定义了"关爱童年"的标准，《星球大战》中的黑武士则定义了人性的阴影……

标准是最强大的精神连接，哪怕接近标准，也能产生超强的连接。当 IP 的情感定位与人性的深入挖掘紧密结合在一起时，就能形成与人们的深层次情感联系，并在联系中树立标准。这就是 IP 的护城河。

当一个 IP 或品牌能成为某种核心价值的标准时，就会产生巨大的超级 IP 价值，同时自身也具有极为长久的生命力，从而实现品牌的超级 IP 化，或者 IP 的超级品牌化。

> 一流 IP 成为标准；
>
> 二流 IP 树立自我；
>
> 三流 IP 触动情感；
>
> 四流 IP 拨动情绪。

共情效应是情感定位的钥匙

一个 IP 实现情感定位，甚至成为情感标准的关键是什么？关键是共情。有了共情效应，情感定位才能落到实处。

那什么是共情效应呢？

其实就是 IP 的形象或内容，其内藏人性的情感元素，与人们内心里同样的情感元素产生了呼应，形成了情感共振。

情感共振和物理学上的共振原理是颇为相似的：

> 物理学上的共振是指一物理系统在必须特定频率下，相比其他频率以更大的振幅做振动的情形。这些特定频率称为共振频率。
>
> 共振在声学中也称"共鸣"，是指物体因共振而发声的现象。比如两个频率相同的音叉靠近，其中一个振动发声时，另一个也会发声。在电学中，振荡电路的共振现象称为"谐振"。

一个著名的例子是在 19 世纪初，一队士兵在指挥官的口令下，迈着威武雄壮、整齐划一的步伐，通过法国昂热市的一座大桥，结果桥梁突然发生强烈的颤动并且断裂坍塌，这就是共振造成的。因为一队士兵齐步走时，产生的一种频率正好与大桥的固有频率一致，使桥的振动加强，当振幅超过桥梁的抗压力时，桥就断裂了。

由于声波共振的力量，持续发出的某种频率的声音会使玻璃杯破碎；在高山上的一声大喊，可引起山顶积雪的共振，顷刻之间造成一场雪崩；巨大的冰川能被"温柔"的海洋波涛拍裂；美国阿拉斯加李杜牙湾经常出现的高达上百米的巨浪，也是由于共振在其中发挥了很大的"推波助澜"的作用；还有行驶着的汽车，如果轮转周期正好与弹簧的固有节奏同步，所产生的共振就能导致汽车失去控制……

而 IP 的共情，就类似于声波的共振。

正如同音叉的振动效应因频率不同而不同，同一个 IP 内容，对人心中不同层次情感的共情是不同的。

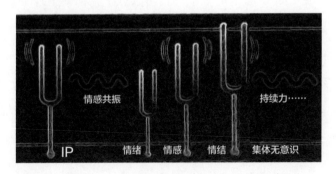

按照人心意识的深浅，IP 的共情效应可以分为以下几种：

飓风式的情绪化共情。这主要是一些能根据时事和时政热点，快速拨动人们情绪的 IP。其特点是效应浅薄、来得快去得快。但如果这场情绪飓风威力很大、波及面很广，还是能够沉淀下一些 IP 价值的，可以在后续通过不断耕耘 IP 来加深。

建筑式的情感化共情。这是指能帮助人们构建自我价值情感的 IP，在人们的情感中实现的共情。其特点是能稳扎稳打、逐步累积，帮助人们完善自我，是能有效沉淀 IP 价值的共情。其实，除了极少数一炮而红的 IP，大部分 IP 的走红都是在长期进行情感价值建设后的厚积薄发。

深流式的情结化共情。这是能扎根在人性潜意识的情结化的 IP，能够在人们的深层次情感中实现的共情。这种共情效应，一是持续力很强，一旦建立了定位就很难被抹去；二是能超越短期的快速时代变化，效力持久；三是能让 IP 的共情超越民族、国家和文化，容易成为全球化的 IP。

信仰式的共情。这主要是指已经形成集体无意识的信仰或信念引发的共情。各种经典的宗教、民间信仰等都属于此类。这种共情的力量极大，既极具建设性，也可能极具破坏性，需要很好地控制才行。

总之，共情的本质是共振，共振的背后是人性心理频率和 IP 情感频率的"谐振"。

共情效应案例

几乎所有成功的 IP 都有与人们的情感共振，下面列举几个案例。

盒子动漫团队的动漫主笔陈缘风，在三年多前，根据其自身亲历创作的《和女儿的日常》生活小漫画，讲述了一个童心未泯的父亲、一个充满好奇心的女儿以及一个略显正经的妈妈，在生活中发生的一个个小故事。

故事主线非常清晰，就是"和女儿一起快乐长大"，其中满溢着爱、童真和呵护，各种生活中非常细微的小事，在一种可爱的幽默中被放大表现出来。

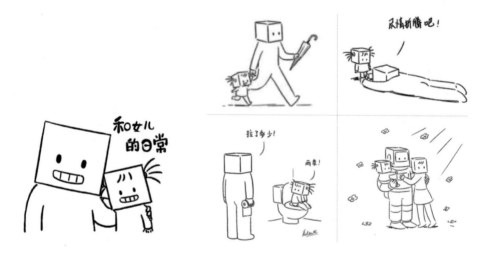

《和女儿的日常》的情感定位就是"爱和成长"，配以"长不大情结"的陈缘风爸爸，纯粹天真、"呆萌情结"的女儿蓝蓝，以及略带些"傲娇情结"的妈妈等角色，后来，第二个女儿要要出生，也加入了故事。

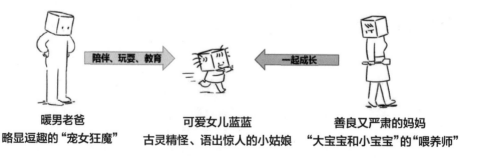

在推出后不到一个月，《和女儿的日常》就迅速走红，快速形成口碑传播，到现在，已经在各大网络平台拥有超过 400 万名真实粉丝，仅微博的主题话题量就已经超过 13 亿，小动画播放量也超过 2 亿（还得到知名影视公众号的专文推荐），豆瓣评分 8.9，已推出的 2 本漫画书，销量超过 30 万册，获得了十多个海内外奖项，以及与 20 多个一线大品牌进行了营销合作，包括微信支付、天猫精灵、雀巢儿童奶粉、中国平安保险、帮宝适、长隆主题乐园、益达口香糖、松下电器等。

而最有意思的地方是，《和女儿的日常》的主要粉丝群是全年龄段的女性，至少占了 80% 以上，其中年轻女生占了大部分，而家长类粉丝只占不到 20%。

从理性化的角度看，《和女儿的日常》的内容讲的是父亲如何陪伴女儿成长，其主要读者应该是父亲及孩子才合理，为什么吸引了这么多的年轻女生呢？

这就要从情感定位和情感共振的潜意识角度来看：

年轻女生之所以如此喜爱《和女儿的日常》，是因为她们在动漫中感受到了女生的一种最基本的渴望：有一个疼爱自己、完全付出的父亲陪伴在身边，从而享受到最纯真的孩童化生活。这种渴望是彻底超越年龄限制的，即使她们长大了，仍然在内心在渴望这一点，这正是她们最基本的潜意识需求。而《和女儿的日常》就恰好可以满足这一最本性的需要，所以得到了女生们发自内心的喜爱。

现代社会的 IP，最重要的功能是满足现代人情感的渴求，这一需求远远大于理性。《和女儿的日常》正是符合了这一点，所以被誉为"中国最治愈系的动漫"之一。

与广大女生的"共情效应"，是《和女儿的日常》能够自发传播、流行和小有所成的关键，是打开女生们内心情结的钥匙，通过打开这个

情结之门，实现了女生们与作品的情感共振、情感连接。

所以，IP 的共情效应是建立 IP 情感定位的必备钥匙。

不只是《和女儿的日常》，基本上所有现代的成功 IP，都是通过共情效应建立情感定位的，只是深浅程度不同，与不同地域文化结合后的范围大小不同。

比如张小盒 IP，就是通过和我国都市白领的生活和感受的共情效应，实现了代表我国小白领心境的情感定位。

又如各种通信软件上的表情包，通过表现各种情感或情绪，与人们实现了各种情感共振，而且越是能单纯而鲜明地表现人们的共同情感，越有可能获得广泛的流传，如兔斯基、长草颜团子等。

又如变形金刚，代表了人们对各种现代机械产品的潜意识渴望，觉得它们能拥有生命、变成超能机器巨人。这其实是偏男性化的刚强幻想意识，而变形金刚正好对应了这一点，因此形成了强烈的共情效应。

下面再列举两个可以相互对比的 IP，说明共情效应的深浅对 IP 发展潜力的巨大影响。

这两个 IP 很相似，都是"魔幻＋现实"的世界观设定，也都是小说起家，卖出了至少上千万册的销量，然后也都被改编为影视作品，由众多大牌明星主演，创造了很不错的收视率和电影票房。

但是从 IP 的跨产业衍生品的数量、质量和发展持久度来看，两者就相去甚远了。

某盗墓故事 IP，由于有极高的知名度和庞大的读者群，被公认为是国内极具代表性、极有可能成为超级 IP 的。在电影上映前，就获得了广泛的授权，不少商家企业支付高额授权费来生产各种衍生品，趁着电影上映而大举推出……

而电影也如预期一样，取得了超过 10 亿元高票房，观众评分也相当不错，被认为是国内电影中具有国际大片感觉的、电影工业化程度很高的作品。

但是，衍生品的效果实在是虎头蛇尾。虽然在电影上映时，借助热潮能卖出去一些衍生品，但随着电影下映、推动力消失，各种衍生品销量就直线下滑，难以为继。

大家本来认为行得通的一个 IP 价值转换公式："内容销量 / 播放量→粉丝量→票房收入→全产业衍生品销量"，实际上在国内这一知名的内容 IP 上失效了。

而《哈利·波特》则大不一样，不仅小说畅销、系列电影极受欢迎，电影还没有上映完毕，IP 的跨产业年收入就迅速突破了 100 亿美元，而且持续力惊人，不断成长，现在的 IP 年收入已经超过了 300 亿美元，位列全球 IP 价值榜第 11 位，在内容为主的 IP 当中则名列第 6 位。

这两者的差距为什么会这样大呢？有人说，是因为《哈利·波特》的市场在全球，而某盗墓 IP 的市场只在我国。可问题是，某盗墓 IP 即使在国内，衍生品销量也并不好且不长久。

我认为问题的关键，是 IP 共情效应的深浅不同，某盗墓 IP 的共情人性点太浅了。

国内这一知名盗墓 IP 虽然故事确实很精彩（我也是热情读者之一），但故事主题世俗化，就是讲一群成年人为了发财去盗墓。这个主题太过成年人化了，而不是一个基本人性发展的母命题故事。

而《哈利·波特》的共情效应就底层得多，因为其故事主题是一个<u>人性母命题</u>：一个有着特别身世的孤儿男孩从小长大的故事，伴随着成长，有各种伙伴、导师、敌人和成长的阴暗面，最终实现人性的自我完善、救赎，以及成人礼。

<u>这是最基本人性的情感定位，情感的共振在人心的底层。</u>

同时，《哈利·波特》的世界是一个极其丰富的魔法师世界，主角的成长过程不仅共情，还极具<u>文化符号以及道具、仪式的能量</u>。这就使《哈利·波特》将人性的共情效应和魔法师世界的文化符号道具系统结合起来，获得了跨产业和世界性的巨大成功。

相比之下，国内某盗墓 IP 的情感定位不够深，符号体系也不足，这些都造成了 IP 发展的很大局限。（如何设计好 IP 的文化符号体系，我会在本书的第二部分 2.7 节阐述。）

所以，国内某盗墓 IP 和《哈利·波特》这样的国际超级 IP 的真正差距，<u>在于 IP 情感定位的深度以及 IP 文化符号体系的完善度，这也正是国内 IP 普遍的两大短板。</u>

1.6 反思定位：我国现代 IP 不强的原因

我国现代 IP 实力与经济水平不相称

我国的文化商业和文化消费，现在仍然主要是靠老祖宗的各种经典文化 IP 在支持。

而我国本土的新 IP，核心能力确实不够强，还是一个现代 IP 的贫弱之国。

一般来说，一个国家的 IP 文化力量，会在国家经济实力变强后自然增强，并与国家的影响力相呼应，但我国本土 IP 的实力，与国民经济水平相比确实不太相称。

而与我国文化相近的日本和韩国，其 IP 实力却超过了国家的经济实力和影响力。

以日本为例，其现代文化 IP 实力的一个明显分界线，是 1968 年的东京奥运会。在东京奥运会举办后，一些日本原创 IP 就快速崛起，不仅在国内受欢迎，而且走出国门广受喜爱。

比如，阿童木、奥特曼、哥斯拉等诞生于东京奥运会之前，而走出国门则是在之后。到了 1970 年，更是出现了哆啦 A 梦、Hello Kitty 等一批实力极强的 IP，其中 Hello Kitty 在 1980 年就开始成为全球化的超级 IP。

日本的 IP 超级化浪潮，20 世纪 80 年代、90 年代直至 21 世纪一直层出不穷。高达、圣斗士星矢、龙珠、美少女战士等不断成功，一浪接一浪。20 世纪 90 年代初虽然日本经济泡沫破灭，但并没有影响日本 IP 的发展，精灵宝可梦（皮卡丘）、航海王、火影忍者等继续涌现。

日本已经和美国一起，成为全球两大超级 IP 的发源地。到现在，在全球畅销 IP 前 50 名价值榜上，日本占据了 20 位，其中精灵宝可梦和 Hello Kitty 更是占据了前两位。

韩国也是随着 1988 年汉城（现首尔）奥运会的举办开始了文化输出，虽经 20 世纪 90 年代遭受经济危机打击，但很快就恢复元气，不仅文化 IP 实现了持续崛起和对外输出，游戏类的《地下城与勇士》《穿越火线》也跻身全球 50 大 IP。

值得注意的是，韩国在影视、动漫之外另辟蹊径，通过不断推出偶像组合风靡全球，成为文化输出大国。

韩国偶像组合，在我国被称为"韩流"，在世界上被称为"K-POP"，具有极强的流行文化影响力，在全球收获了大量粉丝。我曾看过一篇文章，作者在遥远的南美洲地区旅行，发现这里的人们对亚洲各国的文化、政治几乎一无所知，却有大量年轻人看过 K-POP 的音乐视频，而且对各种偶像组合耳熟能详。

近年来，各种 K-POP 组合的音乐视频在全球视频平台上的播放量达到 265 亿 5000 万次，其中海外的观看量占了 89.1%，而且分布广泛，是正在引领全球年轻人时尚和文化风潮的超级 IP 集群。

以其中的佼佼者防弹少年团为例，曾三度入围 Billboard，入围格莱美，获得了 3 项世界吉尼斯纪录，是美国 2019 年上半年的实体唱片销量冠军。美国的媒体甚至夸张地用"甲壳虫乐队（Beatles）再现"形容他们。据统计，2018 年的韩国文化产业出口额已经达到 95.5 亿美元。

除此之外，韩国的电影也通行全球，韩国的动漫出现了以倒霉熊（贝肯熊）为代表的优秀 IP，并被我国的奥飞动漫收购。

而 LINE FRIENDS、KAKAO 都与韩国有莫大关系。其中 LINE 背后是韩国企业，而 KAKAO 则是以韩国地区为基地，其形象和衍生品在全球风行。

反观我国，在 2008 年就主办了北京奥运会，同时我国的经济发展 30 多年来一直突飞猛进，在体量上已成为全球第二大经济体，出现了华为、大疆、联想等一批有全球影响力的品牌，却偏偏在文化 IP 上能量欠奉，没能与时俱进。

IP，尤其是超级 IP，体现的是一个国家背后的文化软实力。按常理说，我国早就应该涌现出实力强大的 IP 了，或出现超级 IP 的候选者，但迄今为止，还没有真正出现。

也许有人会说，我国是个内向性很强的大国，所以，一个 IP 只要能在国内市场上成功也是很不错的了，因为市场足够大。但实际上，虽然影视领域已经做到了，但代表 IP 实力的跨产业能力，在国内也并没有做到。实际情况是，本土的新 IP 不仅难以进军全球市场，即使在国内市场上，占据前 10 位甚至 20 位、30 位的 IP 衍生品，基本都是国际超级 IP，我国本土原创 IP 的超级力量，仍相去甚远。

这是为什么呢？是 IP 孵化成为超级 IP 需要的时间很长？这确实是一个原因。但是，很多全球性的超级 IP 一开始就能爆红，并实现长期不断增长。比如，米老鼠只凭短片就帮助了迪士尼公司崛起；《星球大战》从推出到全产业发展，相隔不到 10 年；小黄人和大白，一经推出就成为爆款，并且能持续发力。这种 IP 快速崛起后还能持续发展的案例还有很多。

所以，时间并不是一个 IP 能快速和长期产业化的必然原因。

真正的原因还是，我国新 IP 的情感定位普遍不足，打动人心的层次不够深。

我国并不缺少普通层面上的好内容 IP，但在人性最底层的部分，往往缺少一些东西，导致打动人心的持续力不够强，也欠缺普适性。

我国现代 IP 的五个不足

让我们回到 IP 的价值根源，看看我国现代 IP 的不足之处有哪些。

在本书的"导入部分"我说过，IP 的价值发展，就是从单一的、某个行业的知识产权，发展为跨行业的"超级文化符号"，超级文化符号就是超级 IP。

而超级文化符号的标准，包括高共情力、强情感定位、强符号感，以及在文化上，成为文化象征和有自己的亚文化体系，从而能在人群中形成高凝聚力，并实现强跨界力的跨产业衍生品发展。

反观我国的各种现代新 IP，无论是文创的，还是文旅的，或是企业的、个人的，都普遍存在以下不足：

1.IP 的情感定位和共情力不足，触及人性层次不够深

很多我国本土的影视大 IP，其故事往往讲的都是一群价值观相似的人在相互斗来斗去，并进行复杂的人际关系周旋。甚至有人说，"宫斗类"是我国最主要的故事类型。

另一个普遍特征是故事中对功名的追求覆盖了人性的完善成长，等级式阶梯递进的观念贯穿了几乎所有的中国大影视作品，使得角色的个体成长变成了功名升级，最多加一些家庭和爱情元素进去，就将故事讲完了。

缺少真正个体自我成长的 IP 作品，是很难在情感和价值观上获得成功的。因为价值观的本质，其实是人的内在自我情感与世界的关系呈现，没有实质的价值观冲突，就没有真正的成长，也就很难触及心灵的底层。

这就导致我国的高影响力内容 IP，普遍有情感定位不足的现象，共情也基本发生在社会化意识、人际关系、人生际遇的悲惨等层面，没有真正触及更底层的人性价值。

新的改变已经开始了，比如新版哪吒、罗小黑等，都在内容上都突破了传统的晋级式观念，走向个体的成长与发现；而广受欢迎的郑渊洁童话，一直在尝试打破传统观念，更注重个性、天性和自然。

2.IP 背后的文化内涵过于传统和现实

只有传统化和现实化的文化内涵，很难让 IP 成为超级 IP，因为超级 IP 的一大特征就是借助想象力和超现实故事，让 IP 产生自己独有的文化符号系统，才能成为超级文化符号，成为有自己专属的独特文化象征。而仅仅有

传统文化和现实生活，是做不到这一点的。

改革开放 40 多年来，产生巨大影响力的内容 IP，基本上都是传统的现实内容、现代的现实内容以及传统的想象化内容的翻拍，即使是有丰富想象力的武侠内容，也欠缺足够符号化的体系，至多是在古装和特效上做了一些改变。

超级 IP 的建立是要靠创新的想象力完成的，只靠复制传统和讲述现实是远远不够的。

3. 模仿和照搬过多，缺少创新特质

定位的一个基本原理，就是定位要有独占性，在自己占位的地方，不能有其他的品牌或 IP。而我国的新内容 IP，却往往在内容表达和情感定位上，要么与传统过于类似，要么与国外的成功 IP 非常相近，自然无法建立起自己的定位。

以 IP 形象设计为例，我国的一些形象化 IP，模仿痕迹太重，无法形成自己的独特定位。而在动漫创作中，由于新动漫 IP 起步较晚，只能先从大量模仿国外的动漫开始，从故事到形象，都能看到许多国外动漫的痕迹。当然，随着时间的推移，这个问题必将得到解决。

模仿性过强，确实是我国 IP 的一大短板。以二次元 IP 为例，其很多角色形象与日本动漫中的形象过于相似。另一个"重灾区"是在企业形象 IP 或吉祥物形象设计，都是模仿有余又保守有余，结果导致 IP 形象的独特性不足。

4.IP 的文化符号系统不足

从 IP 到超级 IP，一定需要成建制的文化符号体系，才能形成自己的亚文化识别，成为新的文化象征。而在这一点上，除了在小众化的二次元 IP 上较为完善外，国内主流的大 IP 有所不足。

很多投入巨大的大明星、大制作 IP，在场景、特效、化服道上做到了精美，

而背后的文化符号体系的策划和设计却相当草率粗糙，在 IP 世界观和 IP 符号上不够用心。

当然，这个问题随着我国原创内容的发展，正在逐步解决。在本书的第二部分，会对《哪吒之魔童降世》《流浪地球》等在文化符号上的系统化突破，进行系统的阐述。

5. 文本教化与 IP 属性的矛盾

有一个非常客观的原因是：我国文化的基本特质是文本性的，在我国的符号表达里，中心往往就是文字。这是由于汉字的特殊属性：方块字天然兼具了表意和象形，不像国外的字母文字只具备代指意义，需要另外发展形象化符号系统来表达感觉。

这当然是我国文化和文字的极大优点，但也造成了我国传统文化系统的建立中不太重视人性与形象化符号的结合，因为不太需要，也就不太擅长。我国文字的高概括性和我国文化的特性，决定了我国的 IP 内容往往强调教化性，以将一个孩子教化为成年人为主旨。

而当代的文化潮流，以及互联网带来的更图形化，甚至视频影像化的潮流，却是去文字化的，强调将人性的情感直接用图形、符号、影像来直接表现，从而做到无须文字的直接沟通。这就必然产生这样的趋势——越是情感化的 IP、越是贴近天性的童真化 IP，越容易成为超级文化符号。

这种变化，确实是我国 IP 在过往很难成为超级 IP 的原因，但这是现代化、网络化的必然趋势，我们的传统文化表现方式必须要适应和改变。

以上这五点，都造成了我国本土 IP 的情感定位不够独特和深入，同时形象模糊。这导致我国的内容 IP 走红非常依赖于时代情境和区域文化，而很难实现超越时代和突破地域。

我们要对老祖宗的文化遗产进行创新转化，从而将中国人的精神和文化精髓，以新的情感化、符号化 IP 表现出来。

新的变化和进步已经出现了，在我国的新 IP 中，虽然大内容 IP 突破还不多，但在动漫 IP、新潮时尚 IP 以及新影视 IP 上，已经有了大量的新突破，这些突破必将汇涓成流。

国潮的崛起，就是我国 IP 化的文化自强创新。

归根结底，我国的新 IP 需要从强情感定位开始，以建立共情的方式，得到广泛喜爱，并通过设计强大的文化符号系统，使 IP 成为强赋能性的跨界符号，走向超级 IP。

总之，
没有情感定位的 IP
无法真正强大

小　结

有情感定位的 IP，才能成为现代的超级 IP

（1）成功 IP 一直都有强大的情感定位，成功品牌和成功 IP 都是对人性心智空缺的占位，只是之前没有人从定位的角度探讨过。

（2）将"定位"原理用在 IP 上，对 IP 的孵化和发展有很好的指导作用。

> IP 孵化偏文创，往往过于随性和感性，容易出现偏差，如果用心智定位的方法论和思想来引导和检测，能很好地解决 IP 原创上的情感基因不足。

（3）做好 IP 要洞察人心，人心的层次中，情绪、情感、情结定位对 IP 的影响极大。

（4）情感定位的背后，是"三位一体脑"理论，以及潜意识与显意识的相互作用。

（5）情感定位越深入，IP 越强大持久，尤其是贴近潜意识的 16 种情结化定位。

（6）共情效应就是情感共振，是 IP 定位落实和 IP 成功的关键。

（7）我国新 IP 存在的问题，本质上是情感定位的问题。

总之，从 IP 发展为超级 IP，虽然过程非常艰难，但只要 IP 拥有不可替代的情感定位，就能存活下来，能在新的时代抓住新的机遇，就仍然能够发展壮大。

最后，附上全球畅销 IP 前 50 名的总表（由"三文娱"公众号整理，我做了一些增补）。

全球畅销 IP 前 30 名					
排名	IP 系列	诞生年份	总收入（美元）	收入分类（美元）	启动 + 主力	IP 拥有者
1	精灵宝可梦	1996	约 950 亿	授权衍生品 –641 亿	电子游戏动画形象	任天堂宝可梦公司
				电子游戏 –171.38 亿		
				卡牌游戏 –108.53 亿		
				票房收益 –17.56 亿		
				漫画 –14 亿		
				家庭娱乐 –8.63 亿		
2	Hello Kitty	1974	约 800 亿	衍生品销售 –800 亿	礼品形象	三丽鸥
				漫画杂志 –0.23 亿		
				音乐 CD 销售 –0.03 亿		
3	维尼熊	1924	约 750 亿	零售 –745.15 亿	童书形象	华特·迪士尼
				票房收益 –4.6 亿		
4	米老鼠和他的朋友们	1928	约 700 亿	零售 –698.5 亿	小动画片形象	华特·迪士尼
				票房收益 –4.574 亿		
5	星球大战	1977	约 650 亿	衍生品销售 –402.94 亿	电影形象	卢卡斯影业
				票房收益 –94.91 亿		
				家庭影音 –90.57 亿		
				电子游戏 –49.64 亿		
				图书销售 –18.2 亿		
				电视收入 –2.75 亿		
6	面包超人	1973	约 600 亿	零售 –601.93 亿	漫画形象	FROEBEL 馆
				票房收益 –0.67 亿		
				展馆 & 商场 –0.25 亿		
7	迪士尼公主	2000	约 450 亿	零售 –446.45 亿	动画片形象	华特·迪士尼
				家庭娱乐 –0.42 亿		
8	Jump	1968	约 400 亿	漫画杂志 –269.03 亿	漫画	集英社（漫画）万代南梦宫（游戏）
				漫画单行本 –128.11 亿		
				电子游戏 –2.173 亿		
9	马里奥	1981	约 360 亿	电子游戏 –302.5 亿	电子游戏	任天堂
				授权衍生品 –43.23 亿		
				漫画杂志 –15.49 亿		
				票房收益 –0.21 亿		
10	漫威电影宇宙	2008	约 340 亿	票房收益 –225.35 亿	电影	华特·迪士尼索尼（蜘蛛侠电影）
				衍生品销售 –54.3 亿		
				家庭娱乐 –52.54 亿		
				漫画单行本 –520000		

（续）

排名	IP 系列	诞生年份	总收入（美元）	收入分类（美元）	启动 + 主力	IP 拥有者
				全球畅销 IP 前 30 名		
11	哈利·波特系列	1997	约 310 亿	票房收益 –91.91 亿 图书销售 –77.43 亿 衍生品销售 –73.08 亿 家庭娱乐 –39.66 亿 电子游戏 –15.55 亿 电视收入 –10 亿 舞台演出 –1.08 亿	小说 电影	J·K 罗琳（图书）华纳兄弟（电影）
12	蜘蛛侠	1962	约 280 亿	衍生品销售 –148.05 亿 票房收益 –70.59 亿 DVD&VHS–19.24 亿 电子游戏 –16.5 亿 漫画销售 –10.74 亿 电视收入 –8.8 亿 柏青哥销售 –3.08 亿 百老汇音乐剧 –2.12 亿 蓝光光碟销售 –1.5 亿	漫画 电影	漫威娱乐索尼（电影）
13	高达	1979	约 260 亿	零售 –259.32 亿 漫画杂志 –2 亿 柏青哥销售 –1.85 亿 动画票房收益 –1.4 亿	动画 玩具	日升（内容）创通（商品）
14	蝙蝠侠	1939	约 250 亿	零售 –202.02 亿 票房收益 –49.94 亿 电视收入 –0.4 亿	漫画 电影	DC 娱乐
15	龙珠	1984	约 243 亿	漫画杂志 –70.25 亿 衍生品销售 –57.37 亿 电子游戏 –55.85 亿 漫画单行本 –22.22 亿 家庭娱乐 –19.43 亿 集换式卡牌 –9.61 亿 票房收益 –8.17 亿 音乐销售 –0.47 亿	漫画 动画	鸟山明 集英社 东映动画 万代南梦宫
16	芭比娃娃	1987	约 240 亿	衍生品销售 –220.1 亿 家庭影音 –19.88 亿 票房收益 –0.051 亿	玩具 形象	美泰

（续）

排名	IP 系列	诞生年份	总收入（美元）	收入分类（美元）	启动 + 主力	IP 拥有者
				全球畅销 IP 前 30 名		
17	北斗神拳	1983	约 220 亿	柏青哥 & 街机 –176.02 亿	漫画游戏	武论尊 原哲夫 集英社 东映动画 Sega Sammy
				漫画杂志 –25.08 亿		
				漫画单行本 –12.4 亿		
				游戏机游戏 –3.73 亿		
				动画碟片 –0.37 亿		
				授权衍生品 –0.262 亿		
				动画票房收益 –0.32 亿		
18	赛车总动员	2006	约 218 亿	衍生品销售 –191.14 亿	电影玩具	华特·迪士尼
				票房收益 –20.26 亿		
				DVD& 蓝光光碟 –6.54 亿		
19	航海王	1997	约 210 亿	漫画杂志 –87.25 亿	漫画动画	尾田荣一郎 集英社 东映动画 万代南梦宫
				衍生品销售 –59.04 亿		
				漫画单行本 –27.07 亿		
				电子游戏 –16.27 亿		
				家庭娱乐 –11.87 亿		
				动画票房收益 –4.33 亿		
20	玩具总动员	1995	约 204 亿	零售 –176 亿	电影玩具	华特·迪士尼
				票房 & 电视收入 –28.41 亿		
21	中土世界	1937	约 199 亿	图书销售 –91.25 亿	小说电影	Tolkien Estate（图书） 华纳兄弟（电影）
				票房收益 –58.96 亿		
				家庭影音 –41.94 亿		
				衍生品销售 –4.35 亿		
				授权 –2.25 亿		
				电子游戏 –0.62 亿		
22	詹姆士·邦德	1953	约 199 亿	票房收益 –70.78 亿	小说电影	米高梅
				家庭影音 –30.6 亿		
				衍生品 & 授权 –30.6 亿		
				图书销售 –5.5 亿		
				电子游戏 –3.51 亿		
23	游☆戏☆王	1996	约 198 亿	卡牌游戏 –111.61 亿	漫画游戏	高桥和希 集英社 Konami
				衍生品销售 –44.77 亿		
				漫画杂志 –36.43 亿		
				电子游戏 –3.29 亿		
				漫画单行本 –1.96 亿		
				动画票房收益 –0.42 亿		

排名	IP 系列	诞生年份	总收入（美元）	收入分类（美元）	启动+主力	IP 拥有者
				全球畅销 IP 前 30 名		
24	花生系列	1950	约 174 亿	零售 –171.43 亿	漫画形象	索尼DHX Media
				票房收益 –2.5 亿		
				DVD& 蓝光光碟 –0.35 亿		
25	变形金刚	1984	约 172 亿	零售 –117.8 亿	玩具动画	孩之宝Takara Tomy
				票房收益 –47 亿		
				家庭娱乐 –7.4 亿		
26	使命召唤	2003	约 170 亿	电子游戏 –170 亿	电子游戏	动视暴雪
27	新世纪福音战士	1994	约 163 亿	柏青哥销售 –115.85 亿	动画玩具	Khara
				衍生品销售 –24.6 亿		
				家庭娱乐 –8.485 亿		
				卡拉 OK 音乐 –7.5 亿		
				音乐 CD 销售 –2.262 亿		
				动画票房收益 –1.985 亿		
				漫画销售 –1.805 亿		
				电子游戏 –0.301 亿		
				音乐授权 –0.056 亿		
28	乌龙派出所	1976	约 163 亿	漫画杂志 –154.48 亿	漫画	秋本治集英社
				漫画单行本 –8.07 亿		
				票房收益 –0.1 亿		
29	超级战队/恐龙战队	1975	约 162 亿	零售 –160.05 亿	电视剧集玩具	孩之宝东映
				票房收益 –2.184 亿		
30	爱冒险的朵拉	2000	约 157 亿	零售 –154.13 亿	动画形象	Nickelodeon
				家庭影音 –2.5 亿		

资料来源：List of highest-grossing media franchises–Wikipedia

Part Two

第二部分

超级 IP 孵化的 5S 原理

5S 原理
是超级 IP 孵化的产品思维

超级IP
孵化原理

2.1 IP 孵化的 5S 要素

IP 成功发展的 5S 要素

在第一部分，我讲述了 10 多年来考察 IP 的一个发现：每一个成功的 IP 都有一个成功的情感定位，情感定位的深浅程度决定了 IP 的影响力跨度以及能否长久的持续力。

但是，只有情感定位是不够的，一个 IP 的成功发展还需要其他基本要素，我总结下来一共有五个，称之为 IP 的 5S 要素，因为每个要素的英文都是以"S"为开头。

1. 第一个"S"是情感（Sensibility）

这个"S"是指 IP 的情感内核，包括有情感定位的原点（这在第一部分已有详细阐述），还有由信念（价值观）和欲念相互冲突形成的情感交战。这些会在本部分 2.3 节做详细介绍。

2. 第二个"S"是角色（Starring）

"角色"是 IP 的最基本要素，无论是内容型 IP 还是形象化 IP，角色都非常基本。在内容型 IP 中，是故事中的角色；而在形象化 IP 中，角色就是形象就是 IP 本身，如 Hello Kitty、熊本熊、米其林轮胎人、江小白等。我之所以用"Starring"这个词来代表角色，是因为在 IP 内容中，不是每个角色都那么重要，一定是最有明星特质、人格魅力最强的角色，才能成为 IP 的代表。怎样打造成功的 IP 角色，会在本部分的 2.4 节做详细介绍。

3. 第三个"S"是世界观（Scenery）

"世界观"是能否让 IP 取得超级成功的基本要素。不只是内容型 IP 因为强世界观而强大，如《西游记》《复仇者联盟》《星球大战》《哈利·波特》等，形象化 IP 同样需要扩张力很强的世界观，如芭比娃娃、Molly、乐高等。

之所以世界观的英文单词是"Scenery"，因为这个单词的原意是根据戏剧主题而设计的舞台布景，同理，IP 世界观就是根据 IP 主题和情感所创造出的独特世界规则，形成独特的情境。总之，IP 的世界观如果不系统化，IP 的表现会很混乱，只有良好的世界观才能形成 IP 的生态。怎样设计 IP 的世界观，会在本部分的 2.5 节做详细介绍。

4. 第四个"S"是故事（Story）

"故事"是内容型 IP 的最基本要素，没有故事就没有内容 IP；其实，即使是非内容的、形象化 IP 也隐含着故事，来自企业、文旅、个人的历史和传奇，形象化 IP 的发展过程同样会形成故事，比如米其林轮胎的百年发展史、乐高玩具的百年产品历程、KAWS 不断戏讽和模仿各种经典文化 IP 的历程等。

不是所有的故事都能让 IP 成为超级 IP，相比之下，原型化、情感化的故事，比社会化的故事更容易成功。而原型化故事是指表达人性最基本的成长、安全感、帮助等基本追求。怎样开发原型化的故事，会在本部分的 2.6 节做详细介绍。

5. 第五个"S"是符号（Symbol）

超级 IP 最终在各个领域呈现的是文化符号，所以，如果在起初孵化 IP 时不注重符号性设计，会给后续发展问题造成麻烦，会发现 IP 延展性非常差，授权和衍生很困难。经常会有一些内容，本身挺不错，但是却与一大批同类作品的角色形象、风格过于相似。这就是 IP 的符号独特辨识度太弱，这种情况在二次元动漫 IP 中经常发生。

IP 符号原则，简单来说就是两点：独特的辨识度和简洁的可延展性。也就是说，只有核心读者能辨识的不是强大的符号，能让路人也能辨识的才是。如果没有辨识度或辨识度不够，那么这个 IP 只是一个从众者，不是超级 IP。怎样进行 IP 符号化设计，会在本部分的 2.7 节做详细介绍。

IP 成长依托于文化母体

IP 不是凭空成长的，5S 要素都需要依托于文化母体。人类的各种文明经过漫长发展，形成或正在形成各种文化，凡是有文化共识的记忆和感受、形成符号和仪式的，就是文化母体。比如，国家、城市、春节、中秋节、西游记、三国演义、水浒传、聊斋志异等，都是一个个范围不同的文化母体。怎样理解和运作文化母体，会在本部分的 2.2 节做详细介绍。

将它们综合在一起，就是"超级 IP 孵化的 5S 原理"。

5S 原理是一种产品思维

5S 原理是孵化 IP 的基本方法论，虽然 IP 创作或设计有很大的感性和随机性成分，但仍然有"5S+ 文化母体"的孵化规律可循。

做文创的人容易将 IP 开发当成纯文艺灵感，而做品牌的人又容易将 IP 当成一种营销，这其实都是偏颇的。成功的 IP 孵化，更像是一种产品式开发；而如果只把 IP 当成营销，那其实找明星代言，或者找成功 IP 进行跨界营销，效果更直接。

不妨将 IP 的 5S 原理产品思维比喻为建造一栋展览馆，那"文化母体"就是这栋展览馆所在的地理位置和土地，"情感"就是地基，"世界观"就是建筑物，"故事"就是展览路线，"角色"就是展览要突出的人和物，"符号"则是标志性的识别物。

也可以将 IP 的 5S 原理和五行相比拟，那么 IP 的情感内核属"火"，角色属"木"，世界观属"水"，故事属"土"，符号属"金"。IP 的情感当然是火性，角色是可不断成长的木性，世界观是隐藏而冷静的水性，故事是生长符号的土性，符号是锐利可应用的金性。

还可以将 IP 的 5S 原理形象化为一个折纸风车，围绕着情感的轴心，角色、世界观、故事、符号等都不断随风势转动、发展和变化，只有情感内核必须固定不变。

2.2 5S 原理之 0: 文化母体是 IP 的底盘

什么是文化母体?

现在开始详细阐述超级 IP 孵化的 5S 原理,先从底盘"文化母体"说起。

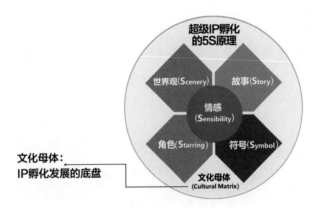

2.1 节说过,<u>文化母体是人类文明在漫长的发展中,形成或正在形成的各种文化共识,由记忆、感受、生活方式和信仰体系组成</u>。大至一个国家,小至一个城镇、一个村落,都会有文化共识,而宗教、节日、习俗、经典文化作品也会形成文化共识,这些都是文化母体。

比如,春节和中秋节是两个典型的文化母体:

春节有过年回家的共识,从除夕夜一直到大年初七每天不同的习俗,有从红包到鞭炮等各种道具,有关于"年"的传说故事和驱"年"仪式,还有现代的春节联欢晚会,这些都是春节的文化母体的组成部分。

而中秋节有合家团圆的共识,有赏月的习俗,有月饼等道具,有嫦娥、吴刚的传说故事和大量关于中秋节的诗词歌赋,在古代还有祭月的仪式,只是被现代人遗忘了。

又如,杭州和桂林是两个典型的文旅类文化母体:

两个城市都有着优美的风景 + 悠久的历史 + 丰富的人文。杭州的西湖是中国大多数城市湖景的母版,有无数文化故事和文人诗词,还有龙井茶、寺庙、南宋古都等；桂林山水是喀斯特地形＋漓江＋阳朔，有"甲天下"美誉、刘三姐的故事传说和各种文化名人的踪迹。

又如，每一部经典文化作品都是一个文化母体：《西游记》《封神演义》《聊斋志异》《三国演义》《水浒传》《红楼梦》《八仙过海》《山海经》……它们都有自己的世界观、自己的故事和符号仪式。世界观越完整、丰富，文化母体的延展力越强。

再如，现代社会的都市生活、机械化科技化新文明、网络化生活、青少年文化、二次元动漫文化、潮玩文化，都在形成新的文化母体，并成为现代 IP 的能量新源泉。

文化母体 = 有广泛共识的公共 IP

有人类学家考证，现代人的祖先智人为什么能战胜脑容量更大、更强壮有力的尼安德特人，是因为智人有讲故事的能力。他们能创造一些信仰化和符号化的东西，比如神、图腾，从而能将不同血缘的人撮合在一起成为更为强大的组织。也就是说，智人能够创造文化共识。而尼安德特人缺少了不同人之间的相互信任和共同信念，在文化上落后，无法有效地组织起来，所以被智人战胜并淘汰。

其实，人类的祖先所创造的图腾，就是 IP 符号，就是最初的文化母体，为原始人类提供了信仰的共识力量。

我国文化中的"龙"这个图腾 IP，就被认为是我国古代多个不同的部落文化母体相互碰撞交融的结果。《史记·五帝本纪》记载，黄帝在打败炎帝和蚩尤后，巡阅四方，合符釜山。这次"合符"不仅统一了各部军令的符信，确立了政治上的结盟，还从原来各部落的图腾身上各取一部分元素组合起来，创造了新的动物形象——龙。

北京故宫九龙壁上的龙

龙的形象和行为不仅集合了多种动物的特征，还汇聚了众多传统文化母体的观念。《本草纲目》是这样描述龙的："龙者鳞虫之长。王符言其形有九似：头似驼，角似鹿，眼似兔，耳似牛，项似蛇，腹似蜃，鳞似鲤，爪似鹰，掌似虎，是也。其背有八十一鳞，具九九阳数。其声如戛铜盘。口旁有须髯，颔下有明珠，喉下有逆鳞。头上有博山，又名尺木，龙无尺木不能升天。呵气成云，既能变水，又能变火。"

总之，各种文化母体是人类精神生活长期沉淀下来的不同文化共识系统，由信念、传说故事、角色、符号、仪式、道具等组成，它们都是能量强大的公共 IP（非私有），是新 IP 的能量源泉和底座。每一个新 IP 的诞生与发展，都是在"有共识的文化母体"上生成的。

文化母体就像是 IP 的基因，人类文化在时间长河中的演变过程，就是各种文化母体相互碰撞和重组，不断发生文化分岔，不断壮大或者消亡。而每一个 IP 都是携带着多种文化母体基因的信息符号，依照文化母体的基因指令，在人心中播种。

在文化母体上孵化强大 IP

凡能成为超级文化符号的超级 IP，都是在已有广泛共识的一个或多个文化母体上，创建新的角色形象，新的故事 / 传说、新的情感共振。相对来说，在想象化而非现实化的文化母体上，容易孵化超级 IP，因为 IP 本身就是想象。

IP 早期孵化——
文化母体与新创造

下面列举一些案例：

迪士尼的 IP 宇宙，始终是由童话构成的，从第一部动画大电影《白雪公主》，到《木偶奇遇记》《灰姑娘》《睡美人》《小美人鱼》《小飞侠》《小鹿斑比》《爱丽丝梦游仙境》，都是来自格林童话、安徒生童话以及各种欧洲经典童话，到后来，又加入了世界上其他文明的经典童话传说，如《阿拉丁》《花木兰》等，又将经典戏剧童话化，如《狮子王》来自《哈姆雷特》。

迪士尼对自己的文化母体一直很坚持。20 世纪 90 年代，当迪士尼的高层发现其动画部门准备出品的新片是讲年轻人的嬉皮士颓废精神时，甚至不惜将项目连同团队一齐砍掉。之后，则全资收购了皮克斯动画工作室（PIXAR），而 PIXAR 的作品可以统称为现代童话，与迪士尼的传统童话形成了很好的补充。当皮克斯的灵魂人物约翰·拉塞特调入迪士尼动画部担任创作总监后，就推出了从《超能总动员》到《疯狂动物城》这样的新型童话 IP。

迪士尼公司之所以以欧式古城堡作为品牌标识，就是因为这是童话式文化母体的象征。而童话是人类文明中最接近潜意识情感的文化母体，这使迪士尼的 IP 宇宙始终能畅行全世界，并在深得孩子们喜爱的基础上，赢得合家欢市场。

《哈利·波特》系列的文化母体是巫师文化。这绝不是罗琳凭空创造的，巫师文化伴随人类文明的出现而出现，其历史比宗教信仰更早，是人类文化精神一直存在的隐晦部分，早已进入人性的集体无意识中。

文化母体：童话世界

迪士尼以欧式古城堡为符号，
因为象征着其文化母体

文化母体：巫师世界

《哈利·波特》的巫师文化不是罗
琳凭空创造的，有上千年历史

《哈利·波特》可以说是巫师 / 魔法文化母体的集大成之作，创造了一个现实世界和魔法师世界交融的 IP 宇宙，包括魔法学生、魔法学院、魔法道具、魔法场所、咒语、魔法球比赛等，整体是一个包罗万象、极为系统化的超级文化符号大系统。

《变形金刚》IP 宇宙的文化母体是现代的机械式文明，并结合了经典的正邪对抗体系，表达的是人类对机械化时代新文化的热情与想象力。

文化母体：机械文明

《变形金刚》表达的是人类对机械
化时代新文明的想象与热情

文化母体：三教合一

《西游记》有释、道、儒 + 取经故事，
是中国人完整信仰观的投射

在《西游记》IP 宇宙的背后，是同时包容释、道、儒三大中国传统信仰的文化母体，是中国人完整信仰的投射，其中既有追求神圣的凡人唐僧，又有介于人、神、妖之间的孙悟空和猪八戒，也有代表世俗欲望的妖怪和众生，还有代表佛的如来和观音、代表道的太上老君、代表传统封建体系的玉皇大帝、众神和龙王，形成了完整的超级文化符号系统。

《流浪地球》IP 不仅是硬核科幻，其背后是中国人对故土极为眷恋的家园精神文化母体。我们完全可以将"携带地球逃亡"理解为"衣冠南渡"，与中国传统历史上的逃亡，在精神上连接在一起。

《流浪地球》不仅是科幻故事，还是中国人家园观念的强烈表达

《大鱼海棠》最打动人的，是从客家土楼到自然生灵的文化感

《大鱼海棠》IP 的文化母体是深植于我国南方乡土中的民间信仰，并通过"客家土楼""大鱼"等极为鲜明的文化符号表现出来。所以，虽然其故事和人物角色不够丰满，但那种万物生灵的信仰文化依然很打动人。

《哪吒之魔童降世》的背后不仅仅有古代的封神文化母体，还有二次元及新人类文化这一文化母体。它使得新版哪吒既有传统文化的精髓，又充满了时尚气质和青春力量。

品牌化的 IP 同样非常需要文化母体的能量支持。比如，英国的尊尼获加（Johnnie Walker）威士忌酒，就依托于英国的绅士文化进取精神；七喜汽水的七喜小子（Fido Dido），则依托于新时代的不羁青少年文化；江小白之所以能脱颖而出，与现代青年人的代际文化崛起有很大关联，他们已经不满足于遵循长辈的白酒文化，而需要自己的心声。

李宁服装在近两年，随着回归本来的文化母体，打出"中国李宁"的国潮旗号，走对了方向，精品不断，销量也节节攀升。

所以，一个 IP 的孵化，需要不断从文化母体中汲取文化能量，<u>如果文化母体的力量不足或发生了偏差，IP 就会缺乏共识力量。</u>

《小门神》的文化母体本来很清楚也很有打动力：我国传统的民间信仰。其故事讲的当人间不再关注神仙，神界经济萧条，于是门神有下岗失业的危险……但是，两个主角却并没有让人产生足够的文化记忆。

在我国老百姓的心目中，门神应该是秦琼和尉迟恭，这才是人们熟悉的。而《小门神》中的神荼和郁垒，据说是远古时的门神，早在唐朝就已经"下岗"了，这就导致实际上我国观众对神荼和郁垒这两个门神无法产生共情，因为根本不熟悉。

现代中国人从来没在家门上见过这两个门神

实际上，在这部以我国传统文化为号召力的《小门神》中，没有任何我国老百姓熟悉的神仙是重要角色，这使得本应发挥重大集体无意识作用的文化母体的力量根本出不来。之后，出品公司在推出《白蛇：缘起》时就充分考虑到文化共识和民众熟悉度，创新是在达成共识的基础上实现的，所以口碑和票房都很好。

所以，文化母体和 IP 的关系是不能错位的，尤其不能货不对板。

另一个缺失文化母体的代表是大制作的《无极》。这部耗资巨大的作品，力图构建一个神话世界观系统，但却找不到任何已有的、经典的文化母体的支撑，这使得《无极》的故事始终像是在脆弱无力的文化根基上强行讲故事。

这种文化母体缺失却强行构建文化系统的情况，发生在很多架空或半架空式的 IP 大片中，还有众多的奇幻作品。如果仅仅在网络上作为电视剧播出，情况还好一些，一旦进入需要广泛共识的电影市场，就很有可能崩塌。

其实，架空型 IP 故事同样需要深厚民众基础的文化母体。

比如，《冰与火之歌》依托于英国历史上红白玫瑰战争的史实，并结合了西欧和北欧的大量典故传说。同样依托于西欧和北欧神话传说的，还有《指环王》（也译为《魔戒》），特别是其中的白衣巫师、灰衣巫师，完全就是古凯尔特人的巫师体系。

文化母体影响力，决定 IP 的边界

文化母体的广度、强势度、大众度，决定了 IP 影响力的边界。

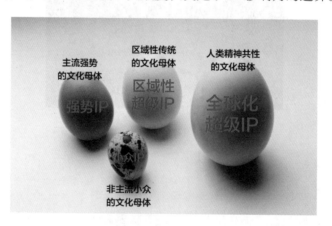

如果是定位在人类精神共性的文化母体，最有可能发展为全球化超级 IP 或 IP 化品牌，不管这个 IP 来自哪里。比如，来自日本的精灵宝可梦、Hello Kitty，来自美国的维尼熊、芭比娃娃、小黄人，来自丹麦的乐高，来自瑞典的我的世界（Minecraft），以及来自商业品牌的 M&M 公仔等。

以 M&M 巧克力豆公仔为例，其定位的<u>人类精神共性的文化母体</u>，是简

单的、天真的、纯粹人性的，所以容易被不同文化背景的人接受。这与区域性文化母体有明显区别，后者往往是厚重的、内涵丰富的，但同时也形成了文化隔阂。

M&M 巧克力豆公仔是纯真人性的直接反映

如果是定位在区域性的传统文化母体，就有可能成为区域性的超级 IP，比如我国的故宫、《西游记》、《封神演义》、《白蛇传》等。全世界每一个文化体系均有自己影响力强大的 IP，其影响力边界和文化母体的影响力程度息息相关。

故宫 IP 之所以在近几年强势崛起，就因为其既有极为强大的文化母体共识，同时又进行了更现代感、人性化的演绎，因此在国内获得了巨大的成功。

故宫 IP 的大红，雍正的个性化圣旨被发掘
是关键突破口，大家都觉得很"萌萌哒"

如果文化母体是主流和强势的，就容易产生强势的 IP。例如，美国文化

在全球确实有强势地位，所以其孕育的 IP 也往往容易形成强势，比如漫威和 DC 的超级英雄联盟；而日本的 IP 在二次元动漫上有明显的强势地位；韩国的偶像组合 IP 在全球建立了强势。

而非主流小众型的文化母体，孕育出大量的小众 IP，尤其是在音乐、戏剧、动漫、游戏、短视频等领域，而当某种小众型文化成为主流时，其代表性的 IP 自然也会成为超级 IP。

IP 创造，需要文化母体的新组合

当我们在创造孵化 IP 会时，很容易遇到以下问题：

> 如果没有经典文化母体做支持，
> IP 的能量往往不够强；
>
> 如果只有经典文化母体，
> IP 又往往不够创新，过于守旧。
>
> 如果只有新的文化母体，
> IP 又往往不够厚重。

如何解决这些问题呢？最好的办法是，在创造 IP 时，进行多个文化母体的融合，尤其是新老文化母体的相互融合，从而实现创新，这样既承载了经典，又结合了现代和未来。

比如，在漫威宇宙里，同时有神话、新科技、外星、当代传奇等多种文化母体存在。钢铁侠是新科技的，雷神是北欧神话的，银河护卫队是外星的，美国队长来源于第二次世界大战，奇异博士有佛教，蜘蛛侠有青少年文化，蚁人有量子科技，黑豹有黑人文化，等等。

又如，《西游记之大圣归来》《哪吒之魔童降世》都同时有经典文化母体和现代二次元新潮文化母体的两大来源。

《西游记之大圣归来》《哪吒之魔童降世》，背后是《西游记》和
《封神演义》两个经典的想象力文化母体，加上现代年轻人的二次元新潮文化母体

很多大热的国产动漫都是以古典传统文化为主要母体，同时与现代的文化精神进行融合的，比如《魔道祖师》《狐妖小红娘》《画江湖之不良人》等，而《非人哉》更是让我国传统古神直接化身为现代年轻人在校园中读书，产生极具戏剧感的效果。

《非人哉》IP 是古神母体文化与现代校园文化的结合，产生了非常奇趣的魅力

所以，新 IP 的创造，需要不同文化母体的重新组合，以鸡尾酒式的调配，产生奇妙的创新。从现在到未来，或迟或早，在我国一定会产生的新超级 IP，而不只是躺在老祖宗的文化遗产上过日子。

新 IP 就是要创造文化，只有融合不同的文化母体，才能创造出新文化的新 IP。我相信，我国未来的新超级 IP 将出现在以下两种尝试中：

（1）在传统文化母体上创造新情境。

（2）在现代文化母体上创造新想象。

在第一种类别上，《西游记之大圣归来》《捉妖记》《大鱼海棠》《白蛇：缘起》《哪吒之魔童降世》已经吹响了冲锋的号角，并取得了票房成功，随着时间的沉淀，一定会从中诞生未来的超级 IP 文化符号。

而在第二种类别上，还有非常巨大的创作空间可以挖掘，未来会涌现出很多以现实生活为基础加以创新想象的新 IP，从而创造出新的文化母体，也会有更多放眼未来的科幻化新 IP，比如《流浪地球》《三体》等。

这不只发生在文创类 IP 上，也同样会发生在文旅 IP、品牌化 IP 上。

我国有成千上万的文旅项目，每个文旅项目都有自己的文化母体：历史、传说、文化底蕴等，但是，文旅只有旧的文化母体是不够的，还需要新的文化融合，才能孵化出真正强大的文旅 IP。这也正是故宫 IP 能成功的关键：融合了新文化思维和情感沟通。所以，各个文旅项目需要自我突破，尤其是在产品体验和形象设计上，注入新文化元素。

如"朕知道了""朕就是这样汉子""朕略萌"等既有真实出处，又符合现代人情感属性，因此成为"网红"。

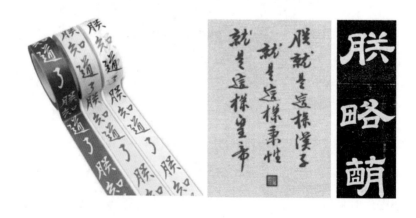

品牌化 IP 同样需要不同文化母体的新组合，尤其是让 IP 超越品牌和产品的现实，融入想象和脑洞，才有可能真正为品牌和产品助力。

比如，"大白兔奶糖"通过各种新产品跨界，注入了多种新文化元素，让自己获得了从品牌到 IP 化的新生。

放眼全球的成功 IP，一般来自文化母体的想象力再创造，而非简单的重复。因为老的文化母体如果想诞生出新的文化符号，就必须进行新的文化组合，才能创造出新符号、新仪式、新 IP，IP 才有可能成为新的超级文化符号。

我国的大部分文化项目对传统 IP 与现代精神的结合，挖掘得还不够深，要么只有重复，要么只是恶搞：重复过去不会有足够的新生机，恶搞过去由于对传统缺乏尊重，也无法真的产生新文化，在这当中有巨大的文化潜力空间。

恶搞传统不等于文化新组合，只有在充分尊重传统文化的基础上，进行打动人心的、以情感为本的新文化组合，才能真正孵化出成功的新 IP。

总而言之，新超级 IP 的孵化，只有通过对多种文化母体的创新组合，才能成为新文化符号。

2.3 5S 原理之 1：打造 IP 的情感内核

IP 的情感内核组成

IP 的情感内核由<u>情感定位</u>、<u>信念（价值观）</u>和<u>欲念（贪、嗔、痴、恨、爱、恶）</u>三者组成。

情感定位是中心点；信念就是"大我"，是超越生活的价值观追求；欲念反过来是"小我"，即生活中的各种贪、嗔、痴、恨、爱、恶。"大我"和"小我"之间会发生各种"天人交战"。

作为中心点的情感定位，在第一部分已有详细阐述，这里重点介绍另外两点：信念与欲念之间的"天人交战"。

这个蕴藏于情感内核中的"天人交战"式冲突过程，就形成了故事 IP 的核心能量动力。

<u>比如，在《西游记》中，唐僧去西天取经是信念、是前进的推动力；而孙悟空、猪八戒、妖怪等的各种爱、恶、贪、嗔则是欲念，是取经的阻力。</u>信念虽然是推动力，却显得很迂腐和无趣，欲念虽然是阻力，却很通人性、很有趣，两者撞击和冲突，就形成了《西游记》的取经故事。

这种"天人交战"的冲突并不只是发生在《西游记》里，可以说，在绝大多数内容 IP 的孵化过程中，其情感内核里都住着一位唐僧和一张肉蒲团。

比如，在《星球大战》中，主角卢克是一个出身于偏远小星球的农家孩子，就面临着要成为天行者和绝地武士的使命，与自己人性中怯懦退缩一面的冲突，以及与天性中阴暗一面（外化为黑武士）的斗争。这当中，天行者使命就是代表价值观的"唐僧"，而自己的怯懦和阴暗就是"肉蒲团"。

又如，在《哈利·波特》系列中，哈利·波特一直认为自己只是个可怜的孤儿，后来得知自己是魔法世界中的传奇人物，肩负着阻止和彻底击败伏地魔的使命。而在这个过程中，哈利·波特有一个从不自信到自信的成长过程，同时黑暗势力也伴随着青春的成长而日益强大。这当中，成为伟大正义巫师的使命就是代表价值观的"唐僧"，而自己的可怜身世和不自信就是"肉蒲团"。

不只是大故事 IP 中有"唐僧"和"肉蒲团"的"天人交战"，小故事 IP 中也同样明显：

在《哆啦 A 梦》中，主角大雄以及来帮助他的哆啦 A 梦都有特别明显的怯懦退缩的特质，以至于哆啦 A 梦的神奇口袋虽然能出尽法宝，仍然无法让大雄真正改变。也就是说，"天人交战"既往往以失败告终，又永远战斗不息。这也许就是平凡人的人性本质，也是打动人的地方。

我自己团队创造的《张小盒》上班族漫画故事也同样如此。张小盒有梦想、有追求，但残酷的现实又总是一次次地将他压住，让他无法彻底胜利。也就是说，"天人交战"的双方对垒，实力是悬殊的，张小盒既不断失败，又执着前进。这也正是都市小白领的生活本色，是能令人产生共鸣的地方。

近几年非常受欢迎的《吾皇》系列，则是另一种非常不同的"天人交战"：主角胖猫"吾皇"始终保持着一种非常拽的、傲娇的态度，始终将现实踩于脚下。这是一种不那么现实却非常对应理性的状态，确实能产生极大的共鸣而令人喜爱。

情感内核是 IP 的能量场

一个 IP 的本质是"火"性的，我们完全可以将一个个 IP 视为一个个"燃烧的能量场"。

IP 的"能量场"储存在情感内核中，其中"情感定位"是 IP 能量的"原点"，而"信念"和"欲念"的"天人交战"则是能量迸发的方式。

IP 的能量场有多大，能持续多久，既与背后的文化母体有关，也与情感内核中"天人交战"的方式紧密相关。

创造 IP 的方式是丰富的，不是只有一种"天人交战"的方式，围绕着"信念—大我"与"欲念—小我"不同的交战方式，会出现多种"能量场"。下面介绍最主要的四种：

1. "正能量"场

这是一种非常清晰、简单的能量场，其中信念（价值观）不仅是好的，而且明显高于欲念，发展的过程就是信念压倒欲念，正义战胜邪恶。

《西游记》《封神演义》《星球大战》《哈利·波特》等都是这种能量场类型，其特点是正义战胜邪恶，或者圣者战胜妖魔鬼怪。

漫威和 DC 当中的绝大多数故事也都是这种"正能量"场，有明确的正派和反派以及鲜明的正邪对抗式战斗过程。

这种能量场的 IP 故事主角是典型的"正能量"英雄。

2. "反能量"场

这是一种反主流反常规的能量场，其特点是：欲念即信念，而常规的价值观则成为质疑、讽刺或反对的对象，通过张扬个性，更多地揭示主流价值观中的虚伪或虚妄。

这种能量场的 IP 故事主角往往是"反能量"英雄。

《红楼梦》就是一个典型的"反能量"场。在故事中，封建卫道士价值观遭到了各种质疑和蔑视，更强调天性灵石、性本璞玉，却被尘世污染，而一切繁华锦簇如烈火烹油，只不过是一场幻梦，终将成空。

在美国 IP 中有很多"反能量"场的代表作，比如《辛普森一家》《飞出个未来》《瑞克和莫蒂》《死侍》等，都充满了对现实的各种辛辣嘲讽和质疑，其主角都是不高尚、有一堆缺点的典型"反能量"英雄。

"反能量"场有一个共性，就是虽然反对各种主流价值观，各种戏谑和颠覆价值，但对"爱"和"家庭"一定是坚持的。比如，辛普森一家人始终相互支持；瑞克和莫蒂的爷孙之情绝不容动摇；死侍可以戏谑一切，但对女友的爱始终如一，等等。

3."沼泽中的能量"场

这种能量场的特点是：信念／价值观深陷于欲念横行的暗黑气场中，让主角深受其困，虽有信念却难以挣脱，重复着"西西弗斯"或"精卫填海"式的苦恼。在这种能量场中的"天人交战"，往往信念不能获得胜利，或者即使获胜，也是伤痕累累。

这种能量场的 IP 故事主角是"困境中的英雄"，甚至是"悲情英雄"。

我最近观看的《少年的你》，就是一个非常典型的"沼泽中的能量"场。女主角陈念和男主角小北都深深陷于生活的困境，陈念被严重的校园霸凌所困扰，努力想通过考上名牌大学来摆脱，却一次次深陷霸凌的泥潭中，她的每次反抗往往会遭遇更大的困境。

同样类似的还有大雄，他永远身处各种童年的困境中。

相对来说，《我不是药神》《无名之辈》更乐观向上，虽然也是深陷沼泽，但主角的信念（价值观）还是取得了真正的胜利，尽管伤痕累累。

在欧美的大 IP 中，这种"沼泽中的能量"场比比皆是，创造了一个又一个"困境中的英雄"角色。从《权力的游戏》中始终坚持自我却壮志未酬的雪诺，到《绝命毒师》中的老白，再到《教父》中的迈克尔，还有马男波杰克，都是无法摆脱命运的悲情英雄。

4."幸运儿的能量"场

这种能量场同样是以正胜邪，但与第一种能量场不同的是，其正面价值观和反面邪恶都不是太强，能量场既不是太光明，也不是太黑暗。主角往往是有各种小缺陷、饱食人间烟火的普通人，不得不进行"天人交战"，然后取得草根的幸运胜利。

这种能量场的 IP 故事主角是"充满人间烟火气的幸运英雄"。

周星驰的电影绝大多数都在这种能量场中，以一个缺陷多多、人生志向普普通通的普通人，在因缘际会中取得意想不到的胜利。

还有大量的电影、影视剧和动漫都属于这一类，这是因为"幸运儿的能量"场非常符合大众的日常渴望：现实虽然残酷，仍有运气；生活虽然无情，仍然要相信爱和希望。所以，每个人都有可能成为一个残酷世界里的"走运小人物"。

这类 IP 的情感内核，需要满足两个条件才能实现：一是主角要比较天真、呆萌，这样才有资格获得幸运的奖励；二是世界的残酷性不是太严重，往往是一种荒谬和变异，以便主角取得突破和成功。

喜剧是"幸运儿的能量"场的最明显的外在特征。冯小刚的喜剧、开心麻花的喜剧都属于这一类，尤其是开心麻花的系列喜剧《夏洛特烦恼》《羞羞的铁拳》《西虹市首富》，都是赋予一个不完美的普通人一种奇特的幸运际遇。

《夏洛特烦恼》是给主角一个重归青春时代的机会；
《羞羞的铁拳》则是让主角更换了身体；
《西虹市首富》干脆让主角有一笔巨款去挥霍

白日梦、幸运儿，其情感能量显然是非常有利于激发普通观众对生活的幻想，而开心麻花另外两部不太成功的喜剧《李茶的姑妈》和《跳舞的大象》，明显脱离了这种模式。

不过，白日梦、幸运儿的纯喜剧式情感内核有一个问题：<u>容易营造氛围，却难以创造世界；容易贴近生活，却难以创造新文化符号；容易产生喜闻乐见的角色，却难以诞生超级角色。</u>所以，周星驰的众多喜剧电影可以大受欢迎，但真正出现的超级 IP 不是任何一个角色，而是演员周星驰自己，这与卓别林的众多电影塑造的是卓别林这个超级 IP 一样。

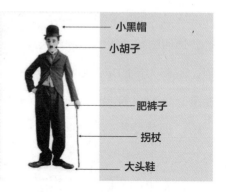

真正的超级 IP 是强世界观和强符号感的，而卓别林的符号感和辨识度确实比周星驰要单纯得多，更容易被复制和衍生品化

有些 IP 不需要价值观，有些特别需要

我看过一些国内其他 IP 专家的文章，往往把价值观作为 IP 的必然要素之一，其实这是不对的，至少是以偏概全的，因为价值观不能算是 IP 的绝对必然要素，情感才是。

现在，让我们再回到这张"IP 的情感内核"图示。

有一个非常有趣的现象：不是所有的超级 IP 都有信念和欲念的交战，甚至有些超级 IP 就说不出来其价值观是什么，比如 Hello Kitty、LINE FRIENDS 等。

当然，确实有许多超级 IP 的价值观极为重要，比如星球大战的"May the Force be with you"（愿原力与你同在），蜘蛛侠的"能力越大，责任也越大"，等等。

怎样来界定 IP 的价值观何时不需要，何时又重要呢？最简单、有效的区分方法是：

纯形象类的 IP 可以没有价值观，

有情感定位就足够了

（只要形象能直接击中人心、接近潜意识情感）

一个纯形象 IP 为什么能成为超级 IP，就是因为这个形象直接实现了直指人心，实现了人性与形象的深度情感共振，实现了情感定位。当然，这是非常难做到的，千中无一，甚至是万中无一。而且，纯形象 IP 也要有承载体，从品牌历史到产品。

需要依靠故事内容来驱动的 IP

一定需要有强价值观

（而且价值观需要世界观的支撑）

IP 的价值观为什么需要世界观支撑？因为当 IP 是用故事和内容来驱动时，价值观是在世界观的格局下才能真正呈现和落地的。

总之，<u>IP 的情感内核是能量</u>，它既是情感的、信仰的，也是生活的、欲念的，<u>最终会成为文化符号，以符号化 IP 的方式来传递 IP 的情感能量</u>。

2.4 5S 原理之 2：创造高感动力的 IP 角色

情感鲜明的 IP 角色，才能成为超级 IP

角色创造是所有 IP 孵化最基本的工作，比故事创造更基本。

我在本书的导入部分说过，这是一个泛 IP 化时代，IP 不仅来自影视、动漫、游戏等文娱内容领域，还会从以下四个领域源源不断地涌现：

1. 来自企业的 IP

2. 文旅景观类 IP

3. 大量个人化 IP

4. 设计师创造 IP

这四大领域 IP 的共同特质：都是形象化 IP，都必然先从做好角色开始，是角色 / 形象先行，再考虑故事。这是与文娱领域的故事型 IP 最明显的差别。

一个好的 IP 角色，能够为企业的品牌 / 产品 / 服务赋能，成为文旅项目的核心竞争力，成为广受欢迎的文化符号，甚至可以成为文化的代言者。

这些年来，我和团队一直在进行各种 IP 角色的开发，有成功经验也有失败教训，并为此研究了大量的海内外成功 IP 角色，逐渐探索出一套"创造 IP 角色三步法"，之后还会不断实践和优化。下面对此做详细阐述。

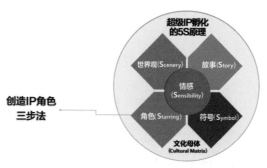

创造 IP 角色三步法

第一步：IP 角色的两大类型设定

我比较过上千个 IP 角色，发现从"角色与人的情感关系"角度看，其实可以分为两种类型，无论是来自内容还是来自形象，都不出这两种类型之外。

这两类 IP 角色分别是<u>自我投射型与宠物 / 伙伴型</u>。它们带给人的情感价值是不一样的，是 IP 角色和人的两种最基本的情感关系：

"自我投射型"让人在自我代入中获得提升和满足。

"宠物 / 伙伴型"不需要代入，而是给人带来帮助和陪伴。

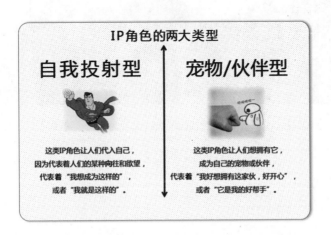

有趣的是，在我发现这种分类之前，尚未看到其他关于 IP 角色如何塑造的文章或书籍提到过，往往还将两种类型混淆：<u>明明是宠物 / 伙伴型的角色，非要做一个人格化的设定；或者本来是人格化的设计，偏偏要做得特别像宠物。这会极大地挫伤 IP 角色的魅力及能量。</u>

自我投射型的代表 IP
这类成功角色，往往性格纯粹、没有杂质

比如，漫威和 DC 的众多超级英雄，就能让人们代入自我意识中的英雄情结。当人们观看英雄漫画或电影时，其实是在想象自己就是这样的超能英雄。

《航海王》IP 的众多海贼们，让人们能代入自我意识中的冒险精神、青春激情，以及对大海航行的渴望。

葫芦娃七兄弟，既代表了孩童们对超能的想象，也代表了中国父母们所希望的勇敢、善良等孩子应有的各种属性。所以，不仅孩子们能自我代入，家长们也能代入。

《西游记》中的四师徒，代表着四种典型的人格，每一种都能让人们自我代入：唐僧代表着执念和迂腐；孙悟空代表着勇敢和叛逆；猪八戒代表着懒惰、好色和小聪明；沙僧代表着勤劳和朴实。

每个执着打拼、永不言败的男人都能在灰太狼身上看到自己，代入自己；而女人则能代入红太狼，在灰太狼身上看到一个值得嫁的好丈夫所具有的品质。

不只是故事型 IP，品牌的形象化 IP 同样有不少自我投射型角色。

1908 年，威士忌酒尊尼获加采用了一个人物形象，与其创始人

JohnWalker 非常相似：长及膝盖的裤子、工装衣服、眼镜、帽子和手杖，是一个标准的英国绅士形象。而"Walker"又有行走者的意思，因此这个"行走的绅士"还有一种精神意义：不断前进（"Born 1820—Still going strong."），成为最著名的品牌人格化 IP 之一。

1987 年，一个叫乔安娜·费容的女子，在纽约一家饭店的餐巾纸上，画了一个纯线条组成的卡通小子，这就是七喜小子（Fido Dido）。在 1980 年，百事公司收购了七喜小子的版权，开始作为七喜汽水的代言人，从 20 世纪 90 年代开始大范围使用，从此广受欢迎、风靡全球。

七喜小子远不止作为品牌形象存在，他有自己的漫画书、小动画、衍生品，还参加各种艺术活动。他以永远年轻的形象、自由不羁的个性和独特的人生观，形成了自己的 IP 文化。

It's cool to be you. （只做自己）

Normal is boring. （不循常规）

Dare to be different. （敢于不同）

Life is short…live it up. （人生短暂……好好活）

由于七喜汽水在我国对七喜小子用得不多，所以国内知道他的人不太多。下图是我个人收藏的七喜小子漫画书插图，Fido Dido 对当年年少的我影响其实挺大的。

在国内，品牌化 IP 的"自我投射型"例子也有不少。

江小白就是一个典型自我投射的人格化 IP。大量的江小白语录出现在产品上、招贴上、海报上，不断强化酒后的自我表达，不断加固人们的"自我投射"。

还有张君雅小妹妹，其稚嫩可爱的人格特性，让消费者对这个品牌更有亲近感。

零食品牌"单身狗粮"的形象是狗，却是典型的单身族人格"自我投射"。

如果是企业，在创造"自我投射型"IP 角色时，要注意以下几点：

（1）角色必须有某种坚强的品质，才会让人们追随。

（2）角色的形象和名字必须具有高辨识度，容易记住。

（3）角色的价值观和态度要明确，甚至要有哲学观。

（4）角色生活状态要很典型，人们才容易自我投射。

宠物 / 伙伴型的代表 IP
这类 IP 角色让人们生活从此不同

哆啦 A 梦是一个神奇的万能助手，它帮助大雄度过了惨兮兮的、充满各种难题的童年，所以是人们最理想的童年伙伴。

大白其实就是青少年的健康护理版哆啦 A 梦，他能给人们无微不至的、贴心的健康呵护，是最佳的健康护理伙伴。

皮卡丘和小智是一对呆萌的最佳拍档，一同闯过各种难关。

小黄人是一大群呆、傻、萌的小伙伴，虽然能力不强，却赤胆忠心，让人愉悦。

在我国的大电影、大影视和大型动画中，目前还没有足够成功的宠物／伙伴角色，反而在众多的小动漫和表情包里出现了比较受欢迎的宠伴角色。

在品牌的形象化 IP 中，国外有不少成功案例，将产品和服务变成可爱的宠物或可信赖的伙伴。

M&M 把巧克力豆变成宠物公仔，可爱得让人不忍心吃掉，又很想吃掉

双P型角色
Pet（宠物）+
Partner（伙伴）
NHK 电视台把电视服务变成小怪兽，多摩君虽然有一张血盆大口，却非常可爱

人们并不想成为米其林轮胎人，但觉得他是放心出行的好伙伴

三只松鼠是国内企业中少有的宠物／伙伴型角色比较成功的例子之一。

双 P 型角色（Pet + Partner）一旦成功，会非常受欢迎，因为会被人们认可为好帮手和陪伴者，并戳中了生活中某种不足的痛点。

在创造"宠物／伙伴型"角色时，要注意以下几点：

（1）别让角色完全人格化，保持宠物特性比像人更重要。

（2）宠物的功能性很重要，确定明确的任务／使命。

（3）不必在人生观价值观上想太多、设计太重，要轻。

（4）把宠物／伙伴和人之间的关系做足，才有强感情联系。

在我国，在形象上是宠物 / 伙伴的不少，但由于设定上的错位，真正具有宠物 / 伙伴精神的却很少。

中国企业做 IP 往往是这样的：选一个动物，在形象设计上的要求是很萌，但到精神内涵时，则完全按人格化要求来设定。强行将两种角色类型混合的后果，就是"两头不到岸"，导致 IP 形象大都呈现出特性不清晰、像宠物又像人的模糊状态，想萌不够萌，想强不够强。

这最终导致中国企业的 IP，要么是完全人格化的"自我投射型" IP，要么显得不伦不类。

第二步：IP 角色的三观设定

在确定 IP 角色的类型后，还要树立 IP 角色的三观，以确保情感价值的实现。

这里所说的三观，不是一般人们挂在嘴边的人生观、价值观和世界观，这过于抽象了。

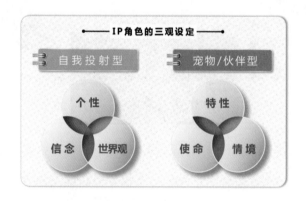

自我投射型 IP 角色的三观：个性、信念、世界观。

宠物 / 伙伴型 IP 角色的三观：特性、使命、情境。

1. 自我投射型 IP 角色的三观设定：以哈利·波特为例

作为人格化角色，首先要设定的是个性，以及个性成长的过程：哈利·波特是从一个懦弱、不自信的孤儿，逐步自强起来。

然后，哈利·波特逐步树立了自己的信念：成为伟大的巫师，并以打败

伏地魔为己任。他在这一过程中得到了邓布利多的指导，以及赫敏、罗恩等
朋友们的支持。

哈利·波特要面对和保卫的**世界**：是坚持巫师世界的和平与友爱，尊重
有麻瓜血统的巫师，并为此和以伏地魔为代表的食死徒势力进行殊死搏斗。

2. 宠物／伙伴型 IP 角色的三观设定：以哆啦 A 梦为例

作为宠物／伙伴，首先要强调特性，而特性往往是某种独特的设定：哆
啦 A 梦作为来自未来的机器人，有一个神奇的超次元口袋。

然后，哆啦 A 梦的使命非常明确：受主人的嘱咐，回到过去，帮助大雄
摆脱困难和苦恼。

在哆啦 A 梦的无数次帮助下，大雄有无数困扰的童年变得充满温暖。这
就是宠物／伙伴型角色创造的情境。

从这三个例子，能明显分辨两种角色三观的差别：

"自我投射型"角色，是完全人格化的，所以要强调人的独特个性、信念，
以及人活在一个怎样的世界里。然后，要靠自己的个性、信念，去直面和解
决存在的问题，世界是角色闯荡的迷宫或战场。

"宠物／伙伴型"角色，不必人格完整，可能只具有人性的某点，因此，
重要的是特性设计、使命或任务树立以及能创造什么样的独特情境。宠伴／
伙伴型角色是用自己的特性，完成与生俱来的使命或任务，让主人和世界因
它们的出现而迥然不同。

下图是两种角色的三观对比。

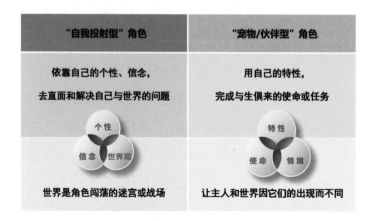

"自我投射型"角色	"宠物/伙伴型"角色
依靠自己的个性、信念，去直面和解决自己与世界的问题	用自己的特性，完成与生俱来的使命或任务
个性 / 信念 / 世界观	特性 / 使命 / 情境
世界是角色闯荡的迷宫或战场	让主人和世界因它们的出现而不同

第三步：IP 角色的六种情感调色板

现在到达了 IP 角色创造最神秘莫测的阶段。

> 如何让角色的形象，
> 最靠近潜意识化情感？

为什么这一点如此重要？正如我在本书的第一部分所说：IP 角色的情感定位越接近潜意识，能量就越强大，人们越是会凭本能、自发地接受、喜爱它，全然不受显意识左右，也就越有成为超级文化符号的可能。

几乎所有强大的 IP 角色，从皮卡丘、Hello Kitty、黑武士、小黄人、奥特曼到米老鼠，都能做到潜意识化的情感锚定，从而激起全球化的、不分国界的、长期持久的喜爱。

而目前在国内，设计角色的形象是否到位，基本取决于个人创作的灵感，不可预期。而且，往往刻意用工业化方式去创作的角色，效果基本不好。

能不能让成功率更高一些呢？我在尝试一种办法，就是将最接近潜意识的情感梳理出来，找到其中的脉络，发现情感的能量来源，然后再进行有目的的创作。

我梳理出来的潜意识化情感，基本有六种：萌、骚、燃、丧、拽、呆。

几乎所有强大的 IP 角色，
都是这六种情感的一种或多种混合，
所以称之为"六感调色板"

有没有发现，我概括的萌、骚、燃、丧、拽、呆，和一般人常说的快乐、忧伤、幸福、难过、奋斗、失望、绝望等不一样？

这是因为，后面那些其实糅合了理智及逻辑的中层情感，是显意识；而前者则是底层情感，通俗地说，就是更直觉、更本能，是从潜意识深处中涌出的原生情态。萌、骚、燃、丧、拽、呆就是六种初始的情态。

下面对这六种情态做代表性 IP 角色的列举和浅释。

1. 萌

往往小的、天真孩子气的、不成熟的、需要呵护的、有缺点的人或物更具有"萌"感，拥有将人们引领到漫无目的之梦想世界的能力。

除了经典的皮卡丘、Hello Kitty、LINE 布朗熊、帕丁顿熊等是"萌"系，我国知名的 IP 阿狸、长草颜团子也是萌系，新崛起的、由多肉植物变成的萌芽熊也是萌系。

阿狸是我国 IP 的"萌"系代表。这只红色的可爱小狐狸，有一种直指人心的情感魅力，同时又有"相信童话"的价值观，所以不仅表情包走红，绘本也非常成功。

长草颜团子是另一个备受喜爱的表情 IP。它有一种极为纯粹的"春萌"情态，非常贴合人们的心情，所以成为微信中最受欢迎的表情之一。

——"萌"系——

2. 骚

"骚"其实是"萌"的反面状态，"萌"是天真的纯情，"骚"则是天真的荡情，两者是同一种潜意识能量的一正一反。"骚"的同义情态，还包括贱、浪、痞、色等，蜡笔小新、早期曾经大红过的流氓兔等都是具有代表性的"骚"系 IP。

"骚"系是表情包中的一大霸主，几乎 1/3 的流行表情包都是"骚"系，但由于相对非主流，不太适合发展衍生品。

——"骚"系——

3. 燃

"燃"是最强有力的、潜意识中的正能量，代表生命力旺盛火热的样子，最具有激情，也最能鼓舞人心。从路飞、灌篮高手、圣斗士星矢到超级英雄中最年轻范儿的蜘蛛侠，"燃系"的正能量特质使之非常容易发展衍生品和多产业延伸。

"燃"系经常和后面介绍的"拽"系组合在一起，即傲娇又激情四射，容易引发粉丝狂热。

——"燃"系——

4. 丧

"丧"是"燃"的反面状态，如果说"燃"是旺盛激昂，"丧"则是颓丧自弃，两者是同一种潜意识能量的一正一反。"丧"表达了难以言说的忧伤和颓唐感。

马男波杰克、"葛优躺"、悲伤青蛙等都是"丧"的代表，"丧"系也是表情包中的一大类别，同样，由于其负能量倾向，不太适合发展衍生品。

——"丧"系——

5. 拽

"拽"是另一种强有力的潜意识能量，代表了生命中傲娇、高冷、特立独行的情态。做得好的"拽"角色很容易引起人们自发的热爱，它不是直接鼓舞人心，而是"我拽我做主"。

"拽"系由于是一种不亚于"燃"系的正能量情态，所以不仅容易受欢迎，而且衍生品也很容易发展，比如兔斯基、吾皇、加菲猫、巴特·辛普森（Bart Simpson）都是如此。而下图最左那只真实的猫，被人称为"不爽猫"，于2019年去世。据说，它曾经凭借这个形象为主人带来了不菲的授权收入。

——"拽"系——

6. 呆

"呆"是一种满脸木然、没反应、没表情、一脸懵的情态，它其实和"拽"是同一种潜意识能量的一正一反。有趣的是，"呆"虽然是反能量，但并不负面，它其实是潜意识蛰伏时的情态，随时可能转化。

所以，人们经常把"呆"系与"萌"系混淆。所谓"呆萌"，是一种最基本的情态，"呆"系能自然转化为任何情态，是任何 IP 角色都必有的一种表现。

——"呆"系——

这六种基本情态看着简单，想设计出来角色一点都不容易，很难做到，甚至我认为，想直接设计出一个大受欢迎的形象，比做一个受欢迎的故事还要难！

怎样才能尽可能地让 IP 角色更贴近潜意识呢？

（1）潜意识是不被显意识控制的自由存在，只能去追随它们，找到感觉来设计。

（2）如果已确定情感定位，一定要找到真正契合的画师，不对不适合的画师进行强行匹配。

（3）能做出贴近潜意识的形象，与年龄、名气无关，只与感觉契合有关，只要契合，哪怕是技艺不成熟的学生都可以。

（4）上述六种情态可以相互调配，不是只能做一种，而是可以混合的，这样才能做出自己的特色。

创造 IP 角色三步法的优势

三步法特别重视角色与人的情感关系，以让 IP 角色具备强大的情感联系力为第一目标。这是因为，情感是任何新创造 IP 的能量所在，只有真正具备了情感能量，才有可能持续受到人们喜爱，成为真正强大的超级文化符号。

所以，三步法的第一步就是通过是"自我投射"还是"宠物／伙伴"的类型设定，明确 IP 角色与人的情感联系。这是过往任何 IP 设计从未有过的，既容易理解，也非常有用。

第二步就是根据两种不同的类型，设计不同的三观，将 IP 角色的情感力量落到实处。

第三步，在最难做好的形象设计上，通过"六感调色板"，尽可能让 IP 形象贴近潜意识，从而让情感能量更强。

泡泡玛特最受欢迎的三大 IP 潮玩：Labubu、Molly、Pucky，能明显看到萌、骚、燃、丧、拽、呆这六种情态的能量。

创造 IP 角色三步法是一个产品化设计过程，不像过往只凭灵感一蹴而就，可能过程很艰难，但只要能一步步到位，就能将强大的情感能量非常系统地注入其中，让角色更可能具备高情感力，更有机会孵化为超级 IP。

IP 角色的 8 种身份

我曾经与一家朋友公司聊起 IP 化形象，对方脱口而出："我们也想做一个！"紧接着第二句话就是："做什么动物好呢？"我说这样太急了，首先，急急忙忙本身就不对；其次，为什么 IP 形象就一定是某种动物或某种人呢？

人们很容易陷入单向化思维。现在大多数企业在考虑做 IP 形象时，脑子里默认的就是动物或人，要么匆忙选出一种动物，要么把人设计得像小学里的三好学生。这是一种普遍的惯性思维，而惯性的背后是惰性，结果往往是平庸乏味的。

其实，IP 角色远不止是动物或人这么单调，还有宠物、精灵、怪物、机器人、外星生物、魔兽等更多生动有趣的身份，让 IP 有更多可创意和应用的空间。如果在 IP 的角色身份上能有更多突破，就更容易独特鲜明，具有更深的内涵。

我梳理了 IP 角色可能的 8 种身份。

IP角色的8种身份

人	宠物	精灵	怪物
属性动物	机器人	外星生物	魔兽

1.人

从各种形象的人到各种人格化生物,很适合"自我投射型"的角色。

但如果是宠物 / 伙伴型 IP 角色,就不太适合人,因为角色的人格属性太强了,更适合让人们代入自己。

2024 年巴黎奥运会的会徽
融入了象征法国的女神玛丽安娜

2.属性动物

很多动物都有明确的属性。比如,狗代表看家守护,骆驼代表远行,狮子代表强大,鸟代表自由飞翔等。

属性动物很适合作为企业商标来设计,比如"去哪网"的骆驼、"美团外卖"的袋鼠。因为明确的功能属性,很方便人们认知,帮助企业实现品牌定位。

属性动物作为 IP 化形象的缺点是:属性过于明确,导致情感属性不强,往往还需要进行深化,才有可能演绎成更富有情感力的 IP 角色。

右图是一张很有意思的企业商标对照表。

比较左侧我国以互联网公司为主的商标,和右侧日本以电器及精密器具公司为主的商标,可以明显发现,我国互联网及科技公司的 LOGO 几乎成了"动物园",而日本公司的 LOGO 则是以英文为主。

其实,这代表了两个时代:日本公司的崛起是在 20 世纪,正是传统商业的全球化年代,所以日本的公司商标多是一个英文单词,以方便在传统线下的商业环境中全球通行;而我国的互联网企业崛起于 21 世纪,普遍采用了动物化形象,这样更适合互联网的生态传播,让网民感觉更亲近,容易直观接受。

可以说,我国的互联网公司已普遍进入 IP 化预备期,愿意与网民建立新的情感沟通。

3. 宠物

宠物不同于属性动物的地方在于:情感力很强、可爱、有趣,容易得到人们的喜爱。但相应的,宠物们的价值观或信念的属性并不强。所以,对一个明明是宠物的 IP 形象,强行赋予大量的价值观,会让人感觉是硬拼凑上去的,强扭的瓜不会甜。

一定要利用好宠物角色的优势,而不是其短板。宠物往往有很强的情感力、治愈力,这都是值得发挥的。但同时,与企业价值观、产品功能必然相去甚远。除非在设计形象时,再加入一些工具化的属性,才能具有功能,就像给哆啦 A 梦加上一个超次元神奇口袋。

4. 精灵

不同于宠物往往是单个的,精灵们往往以群体的方式出现,而说不清是什么动物。代表性的精灵 IP,有小黄人、蓝精灵,以及宫崎骏电影里的树精、煤精等。

我近几年正在开发的键盘仔也属于精灵型 IP。

创造精灵型 IP，一定要理解精灵的本质：它不是动物，而是一群潜意识化的生灵。以下宫崎骏的这段话，充分讲明了精灵的本质：

> 尽管已经是现代人，在心灵深处却依然存在着一种感觉，那就是一旦要走进陌生的山林深处，就会以为那里面一定有着葱郁的森林、美妙的绿意，以及清流潺潺的梦幻之地。我总觉得，拥有这种感觉和人类能够保持心理正常是息息相关的。………我们所相信的，并不是在我们死去之后会带我们去天国，或是带我们去所谓的极乐世界，或在最后的审判时会把我们放在秤上称重量的那种器量狭小的神。我们相信森林深处存在着自然无所为的神圣之物。那里是这个世界的中心点，我们相信有朝一日自己将会回归到那个圣洁之地。

—— 宫崎骏自传《出发点》

5. 怪物

怪物的特点是好玩有趣、不太正经，容易从潜意识打动人。

2012 年伦敦奥运会的吉祥物

在我国企业中，用怪物做 IP 形象的还不多。其实，用怪物做 IP 形象往往能出奇制胜，但需要开发者和企业的认知突破。

6. 外星生物

当 IP 角色用外星生物时，往往充满了创意和情趣，在 IP 的世界中天马行空。

外星生物经常与怪物结合在一起，设定出独特而有趣的特性。

我国潮牌 IP 魔鬼猫，就是来自外星的异生物

7. 机器人

将 IP 角色设定为机器人或人工智能（AI）的优点是：天然赋予了高科技的特性，有科幻的能量，近未来感也强。

除了影视内容里的机器智能角色，企业的 IP 形象中，最具代表性的例子莫过于安卓小机器人 IP，它来自《星球大战》中的机器人 R2-D2。

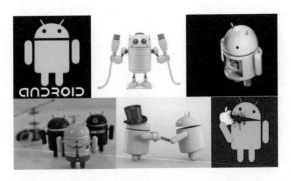

安卓小机器人的延展极为丰富，广受欢迎，很值得企业学习

8. 魔兽

魔兽怪物式的 IP 角色，与精灵的小、可爱相反，是巨大的、有点可怕的。

这种类型的经典 IP 角色主要出现在影视里，比如哥斯拉、奥特曼打的怪兽、恐龙等，而在企业的 IP 中极少，日本 NHK 电视台的多摩君算一个。

多摩君，一只有着血盆大嘴和有着利齿的小怪兽。
NHK 电视台的设计理念是，张开的大嘴像电视机。

如果要孵化出有可能成为超级文化符号的 IP 角色，还要注意以下几点：

（1）在设计"人"的身份的角色时，最好进行变形、着装设计、机甲化、装备化。

这是为什么？外在原因是，这样让角色的符号识别性更强，将来延展更容易；内在原因是，这些超现实元素具有将人们引领到梦想世界的能力，从而更容易触动观众的潜意识。

越是现实的"人"的故事，越难成为超级文化符号，除非是个性和能量强大到如李小龙、切·格瓦拉、乔布斯、阿甘等，他们的故事都更像童话和神话，是超凡的存在。

（2）在创造多元化"非人"IP 角色时，不要将其完全当作人，只强调人性的一点，要尽可能保留其本来的特质。

（3）设计成宠物、精灵、怪物、机器人、外星生物、巨兽等角色，天然自带超现实属性，更容易打造出独特的文化符号。

不要只考虑是动物，而要将其宠物化、精灵化、外星生物化等。这些更具情感属性的设定加入，能让 IP 角色更有情感，让未来的内容或广告也更容易打动人心。

如果不是企业的 IP，而是影视内容 IP，加入一些古怪的小东西、宠物或伙伴，也更有机会创造出 IP 角色，未来成为强大的 IP 符号。

（4）不要对"非人"的宠物或伙伴角色，赋予太完整的人格。

因为只要是人，就避免不了过于社会化、过于理智、过于功利等问题。真正广受喜爱、令人们愿意为其埋单的角色，都是有充足人性而较少社会化的角色，它们更超现实、远离功利世俗、更接近潜意识的情感本质。

要懂得，世界上各种精灵和稀奇古怪的东西，与人的灵性在潜意识底层相通。

为什么 IP 形象不够萌？

> "只是看一眼就让人内心充满天真情感的，
>
> 不可思议的东西……"
>
> ——四方田犬彦《论可爱》

想设计一个令人喜爱的"萌"形象为何这么难？

这些年我见过很多的 IP 形象设计，一大半都想定位在"萌系"。但实话实说，基本上形象都不够萌，平平淡淡，似乎有些萌，但其实远未达到自发喜爱的地步，往往是开发者自己觉得还行，放到市场上却没有什么反响，白白浪费了资源。

在我国众多的形象化 IP 开发中，不管形象是动物、人还是其他，遇到的一个普遍问题和困扰是——

100 个想萌的 IP，
99 个都不够萌。

IP 开发者们往往认为，萌最容易受欢迎，当然要做萌系了，还以为很容易做。但结果，经过各种努力之后，人们就是觉得不够萌，直接导致后续发展非常吃力，又难以调整修改，如同鸡肋，食之无味、弃之可惜，落入尴尬境地。

越简单的东西越难做，尤其是"萌"。大部分做得好的"萌"系 IP 角色，往往是妙手偶得，是不经意做出来的。企业越是一门心思地去做，越难做到位，反而是一些没有包袱、没有束缚的无名小卒能成功。

下面先认真探究一番"萌"是什么，再分析为什么做不好，以及该怎么做。

"萌"到底是一种什么特质？

"萌"这种说法诞生时间并不长。其实在"萌"风行前，大家更多的是用一个日语舶来词"卡哇伊"来形容类似特质的，而再之前，则是用"可爱""天真""有意思"等各种词语来描述，但显然都觉得不足以描述，直到找到"萌"来替代。

在国外，有一个英语单词"cutism"，"萌的主义"。也就是说，萌不仅是一个形容词，还是一种精神、生活状态和思维模式。

所以，尽管"萌"是人性基本、自古即有，但真正风行是在现代，最近几十年才风靡全球，而且与日本关系很大。正如美国将英雄文化出口全世界，日本文化出口最成功之一就是"萌文化"，从 Hello Kitty 到美少女战士，从哆啦 A 梦到皮卡丘。

日本的 IP 创作者，成功地将自己的"卡哇伊"文化，出口成全球风行的"萌"和"cutism"，变成现代人推崇的精神生活观，这其中的成功经验，很值得我们学习。

在日本学者四方田犬彦所著的《论可爱》（其实更应译成《论萌》，"可爱"不足以表达）一书里，做了一些精妙概括：

萌是小东西，不守护它似乎就很容易受到伤害。

拥有将人们引领到漫无目的之梦想世界的能力。

只是看一眼就让人充满了天真情感的东西，不可思议的东西。

尽管随处可见，却隐藏着某种神秘感的东西。

一旦施了"萌"这种魔法，无论多么平凡的事物，都会迅速充溢着亲切感。

从现实原则的桎梏中获得解放的人们，痴迷沉醉于这没有时间性的幸福感中。

这本书对"萌"进行了细致分析——

（1）"萌"的气质，和小的（细小或缩微）、怀旧的（勾起某种想念）、

孩子气的（未成熟和需要保护）有极大关系

"在这里，感受不到成年人站在高处支配未成年人，反而窥见未成年人得到肯定的姿态……孩子们虽然毫不起眼，但他们玩耍的姿态却能成为焦点。"

书里有一段是记录对年轻女学生（喜欢"萌"的最核心人群）所做的调查，女生们是这样描述"萌"的事物："我家养的刚出生半年的小狗""小时候的照片""家里床边放着的没精打采、一直张着嘴的娃娃""在游戏比赛中赢得的卡通玩偶""交换的宝贝""我的学弟学妹们，他们虽然不是'东西'，却很可爱""《哈利·波特》里的卢平老师，有点沧桑又有点顽皮"……

（2）"萌"与怪诞为邻

作者在书中说到，本以为"萌"的邻居是"美"，但研究后才发现，美往往和萌是对立的……因为，美往往与神圣、完美、难以触及和接近有关，美往往自显高贵，将其他视为低的、劣等的；而"萌"不是这样的，萌往往激发人们想要庇护的欲求，是容易接近的、有弱点的、不成熟的、比自己弱小的事物。

所以，"萌"的邻居其实是"怪诞"和"有缺陷"，从《白雪公主》里的七个小矮人，到《E.T. 外星人》电影里的丑陋外星人，到《龙猫》里的龙猫，它们都有非常异于正常的不正常之处：不是身体过小，就是过大，或者四肢与身体极不成比例，总之是有些畸形和怪异。

正是这些怪异及可怜之处，为"萌"提供了关键动力，一旦丑陋、缺陷与"萌"感之间的那层薄薄的膜被轻轻戳破，这些家伙就会变得格外可爱起来。

（3）"萌"物主要是近现代大众文化，而非古代传统

书中指出，日本出口的"萌"物并不古老，反而是受西方和世界影响而产生的新事物，所以，必须关注真正发挥作用的文化混杂性。

"全球化是将地球上各个原本分散的区域放在一个新创造'空间'里，彼此产生交集的过程…… 各个社会的历史被召回，空间与距离原本明确划分

好的事物，通过各种各样的纽带（旅游、贸易、通信、市场、资本与劳动、商品流通、利益流通）被紧密联系在一起。其结果是：要明确区分'外部'和'内部'逐渐变得不可能。"

"萌"文化正是通过各维度元素的多元混杂，实现变形与扩张的全球化进程，并构筑起巨大的全球化"萌"产业。"萌"或"卡哇伊"从日本出发，催醒了世界其他各国文化中沉睡的"萌"意识。

下面谈谈我自己对"萌"的总结：

萌，往往从对怪异事物无助的呵护感中产生

"萌"是一种人性基本情结，是观念、情感、意象的综合，它来自无意识的泛起。所以，往往小的、天真孩子气的、不成熟的、需要呵护的、有缺陷的事物更具有"萌"感，萌确实与成熟、完美、可控制的成年人美学相去甚远。

在探究了"萌"的潜意识来源与气质后，我们很容易就能发现企业开发IP不够萌的原因。

（1）"萌"的特有禀赋，与企业开发IP想注入的理性要求，有根本冲突。

企业在开发IP形象时，要求这个形象代表各种理性的思维要素，如奋进、强大、高科技、国际化等，又要求形象很萌。比如：

某大企业，要求IP形象体现出国际化、大气和实力，
同时，要求自己的IP很萌……

某文旅项目，要求IP形象体现出项目文化实力、悠久历史，
同时，要求自己的IP很萌……

某新创公司，要求IP形象体现出奋进、新意、锐意进取，
同时，要求自己的IP很萌……

某教育机构，要求IP形象体现出自己的实力、专业性，
同时，要求自己的IP很萌……

某网络平台，要求IP形象体现出自己的创新力，用户群庞大，
同时，要求自己的IP很萌……

但"萌"的本质是不成熟的、有缺陷的、小而可爱的，与这些高大全的、完美的、可控制的要求很容易对立冲突，令设计者没有办法结合在一起。

我曾见过有的企业 IP 形象相当萌，和设计者聊天，他们说压根没把企业那些"高大上"的要求当回事，完全是按自己的内心感觉去设计的。

（2）不追求 IP 形象有情感特性，一味只要求看上去萌，结果没有足够强的情感特性，人们记不住，也不够萌。

设想一下，一大群半萌不萌又在卖萌的普通 IP 形象，拥挤在网络传播、社会传播的超级复杂、噪声极多的环境里，只会被淹没，无法跳出来，也无法以独特的魅力抓住人心。

没有独特的情感特性，是不成功 IP 的最大问题，但很多开发者意识不到这点。

（3）IP 形象太正常、保守，真正"萌"物有明显变异、夸张和突破常理。

这是我国设计的 IP 形象经常发生的普遍现象，几千年追求中庸的文化习惯，使得设计者在开发时过于周正。大部分人习惯于先做出一个稳当的形象，然后再想办法做一点点小改变，作为小点缀。

其结果当然就是，IP 形象只有那么一丁点"萌"，极易被忽略和淹没。

（4）以为只要有资源和渠道，通过反复灌输，就可以让一个不太萌的 IP 形象广受欢迎。

很多开发者在发现做得不够萌时，就让这个形象强行卖萌。他们觉得，虽然平庸了些，但反正有资源、有渠道、有场景，只要反复灌输，人们见得多，就自然喜欢了。

但这是不可能的。因为人们是用情感脑去感受 IP 的，平庸和虚假无论接触多少次，都无法在情感脑中建立情感定位，也就没有 IP 价值。

我在本书的第一部分中关于 IP 背后的"三位一体"脑理论里详细分析过，理性和逻辑思维的理性脑和情感情绪的哺乳脑，是两台截然分开的大脑计算机，而接受 IP 是哺乳脑的工作，不是理性脑的事。

在情感脑的解读中，装出来的卖萌，一定是没有情感力的"假萌"。

用纯数据的方式去判断 IP 的积累程度非常危险。我见过非常多形象不足，仅凭知名度和点击率就急急忙忙做出一堆衍生品，然后库存严重积压的案例；也见过很多形象不足，企业花了很大力气，仍然对品牌及产品销售没有多大帮助的案例。

所以，我特别想提醒的是：真正要开发的是一个好的 IP 形象、一个情感力特别打动人的 IP 形象，而未必非要先"萌"起来。

因为，如果和其他千军万马挤在"萌"一座桥上，很难跳出来，很难成功。

我自己开发的第一个 IP 张小盒，在起初的测试中，没有一个人觉得萌，就是觉得方脑袋的特性极其突出，过目不忘。到后来，经过多年不断调整，现在再做测试，几乎人人都觉得很萌，而且还是方萌方萌的，萌得非常有特色。

这是最早期的张小盒形象，
令人印象最深刻的是够惨、够苦以及方脑袋

后来不断改进，就变得很萌了

"萌"其实是一种基本属性，而不是特性。

真正能成功的是有独特情感定位的 IP，能形成共振、共情。至于萌，可以在确立了自己的情感定位后，不断发展出来。

正如《论可爱》一书提到的，把任何一种平凡的事物，进行缩小、变形、变异，加入孩子气、天真，使之有缺陷，都有可能变成很可爱的"萌物"。

这叫"萌化"，
万物皆可萌化。

任何 IP 形象，不管原来是酷的、拽的、丧的、贱的，都可"萌化"。

比如漫威英雄形象，也有专门"萌化"的样子：

米其林轮胎人的形象最初也是不萌的，甚至很古怪，经过百年演变，自然就变萌了……

所以，最关键的是：<u>IP 形象有没有自己的情感特性和独特到足够强烈的</u>

视觉记忆。只有达到以上两点，IP 形象才能立足，才能发展，再通过不断"萌化"，让其魅力倍增。

熊本熊的样子最大的特点是"呆憨"。设想如果是一个人，哪怕是个孩子，做出这样的表情和姿态，一定会让人觉得很傻，可以说，你不希望身边的人是这种神态的。

这正是 IP 形象和现实形象不一样的地方：在现实形象中接受不了的、怪异、有缺陷的样子，作为卡通角色表现出来，反而有一种非常"萌"的魅力，让你情不自禁地喜欢，想去抱它、呵护它，而且觉得它不会带来任何压力和距离感，就是纯粹的"萌"和可爱。

再说说前文提过的多摩君，它在我国知名度不高，但在日本和全球都很著名。

多摩君诞生于 1998 年，本是日本 NHK 电视台为宣传旗下 BS 卫星电视系统而设计的广告形象，由于大受欢迎，一度登上了 NHK 的新闻主播台，被认为是 NHK 的形象代言，并且风靡全世界。

设想一下，如果是你的企业，是一家电视媒体，能接受让一只既有利齿、又张开血红大嘴的怪兽作为自己的形象代言吗？基本上很多企业都接受不了。因为从理性的角度分析，这些特征都是可怕的、怪异的、不正常的。但实际上，这样的形象更加出人意料的"萌"。人们对其喜爱也是不由自主的，不需要理性解释的。

其实多摩君的情感特性并不是"萌"，而是"我很嚣张，我要张开嘴吓你一下"。但这反而增加了"萌"感，因为它是怪异的、有趣的，更让人觉得"萌"了。

以上说的这些都是人们能自然感受到的，而不是有什么注释或特别理性的缘由。相信日本 NHK 电视台之所以采用多摩君，当然不是为了吓唬人，而是觉得这就是很好玩啊！

即使它一本正经、张牙舞爪地做节目，其实也挺萌

而且，多摩君是可以被"萌化"的，比如，当变成一家子后，亲情和爱自然会呈现。

这两个形象化 IP 的案例，都在提醒一点：不要以现实中的理性判断和理解去设计和限定 IP 形象，IP 的魅力是超现实的，与现实逻辑大为不同，甚至相反。

总之，太注重用理性解释去为 IP 形象的价值圆场，是我国设计 IP 形象的一大问题。

试问，难道要在所有传播图上都写上这些理性注解吗？不看注解人们就理解不了吗？如果是这样，IP 不会成功，因为理性注解是多余的，必须是人们直接感受并自发喜爱的。

怎样开发好的 IP 形象？

1. 最重要的是 IP 的情感定位

企业很清楚，要想市场成功，需要找到特定的市场消费者，产品要有创新和差异化，服务要创造出不同的体验，品牌要有自己的独特诉求，这些都与定位有关。

那为什么在对待 IP 形象上，却总是降低要求，只要"萌"就可以了呢？更何况，想萌又不够萌。

要找到 IP 的情感定位。企业在 IP 的前期策划时往往只注意了理性诉求，却没有确定情感特性。

改变思路，化理性为感性——根据企业的特质，<u>在前期策划时，先将理性要求转化为情感特性描述</u>，这样就有可能找到独特的情感定位，然后再设计 IP 形象。

2.先不必非要追求"萌"

太想萌，往往反而做不到。但找到适合自己的情感特性，是可行和更容易的办法。

IP 不管是人格化角色还是宠物化角色，都是要有真正生命力的。而有生命力的情感特质很多，但只有适合企业的，才能融合得好，才有可能持续发展。

<u>一味要求萌，会忽略 IP 形象自身特性的建立。</u>

江小白 IP 很萌吗？是靠萌成功的吗？当然不是。江小白靠的是共情，是情感共振，这个与"萌"不"萌"没有必然关系。

IP 完全可以将来再"萌化"，这个工作并不难。但如果形象没有符号特征和情感特性，再"萌化"也没效果。

3.不是普通形象，而是明星化"角色"

设想一下，如果打造一个明星或偶像，需要什么样的气质、特性和识别特征？这就是在设计 IP 形象时要做的事。

明星有很多种，偶像派、实力派、差异派，<u>企业适合什么样的明星，就做什么样的 IP</u>，首先要合适，然后才能更好。打造 IP 和打造明星的道理，有很多的相似之处。

4.一定要找对人来创作

<u>建议不要太相信过分世故成熟的高手，因为往往只有内心保持童真的人，才能做好 IP 形象。</u>

真正的好形象，一定是相由心生，才会打动人心。所以，创作者的"心"是否契合最重要，这是最难的、最不可控的事，往往可遇不可求，但内心童真的人一般成功率更高。

5. 有好的 IP 形象，才能做好运营

有好 IP 才有运营，不然不如回炉再造 IP，直到 IP 孵化得足够好，才值得推出。

运营的方式是多种多样的，必须根据 IP 形象的特性来做。不是每个 IP 都一定要靠表情包、上抖音、上微博就能够成功的，这些事可以做，但实际上你会发现，不是每件事都做了，就能成功，往往做了各种事，也未必成功。

关键是找到一个突破口，然后全力以赴做这一件事，其他都是次要的辅助。而这个突破口是什么，还是与 IP 的形象打动人的情感点有关，每个 IP 都不一样，所以方法自然不同。

单点突破是永恒不变的法则，只有找到这个点，才能成功运营。

6. 最后是形象化 IP 的工作步骤

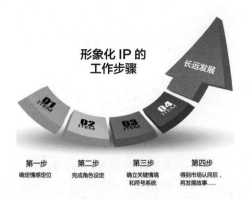

第一步确定情感定位；第二步完成角色设计；第三步确立关键情境和符号系统；第四步在得到市场认同后，再发展故事，而不像内容型 IP 那样先发展故事。

形象化 IP 的开发者一定要将 IP 角色视为重大产品，而不止一个形象，找一个设计师或美术师画一下即可，事实上，99.99% 的情况是这样无法做好。

因为对于形象化 IP 来说，一个鲜明独特、感动人心的形象角色，几乎就是 IP 的全部，直接决定了这个 IP 能不能成功，能不能在未来做强做大。形象越极致，越可能成功。

2.5　5S 原理之 3：IP 世界观设计的六脉神剑

"没有超强的世界观，即使有好故事、好角色，

也不足以发展为超级 IP，不能成为超级文化符号。"

每个 IP 都有一个独属的世界观

"中国为什么一直很难出现持久的、强大跨产业的超级 IP？与过往的内容在世界观设计上的不成熟有极大关系，往往只有故事和人物，欠缺好的世界观和文化符号系统。"

其实我不只是在说别人，也是在批评自己……这些年来，我和团队努力将自己的 IP 向超级 IP 进军，却屡屡不满意，还想绕开世界观，通过取巧来完成大创作，但就是过不去。

直至最近我才真正明白——想孵化出超级 IP，世界观设计是绝对无法绕过的坎，是必须坚决跨越的山。

> 每个 IP 都有一个独属的世界观，
> 有独特的设定、规则和冲突，
> 这就是 IP 的"世界观"。

一花一世界，一叶一菩提，在超级 IP 孵化的 5S 原理中，世界观负责完成系统性 / 生态性的建设。

世界观不系统，IP 会是一团乱麻；世界观无生态，IP 没有发展的生机。

在剖析内容型 IP 的世界观之前，我觉得有必要先讲讲非内容型 IP 的世界观。有趣的是，很多形象化 IP 也有强大的世界观。

乐高是一个典型的代表。它不仅是玩具，还有用拼装进行创造的价值观和世界观，能够与各种经典 IP 进行无限的组合，也能创造自己的乐高世界。

又如芭比娃娃，就是典型的用世界观支持无数角色、没有故事的超级 IP。自从 1959 年诞生以来，芭比娃娃 IP 创造了成千上万形象的玩偶，并创造了一系列配套物件，从服装到玩具屋，构造了一个丰富的、日新月异的世界，却并没有故事。

这几年在国内成为潮玩爆款的 Molly 也是如此，各种千姿百态的套装，加上"盲盒"的方式，使 Molly 极为风靡，自成一个 Molly 宇宙。

另一个近年在我国快速崛起的潮牌 IP 魔鬼猫，也是没有故事却有明确

的世界观（来自未来一个编号为 ZC66 星球的外星球，在 2666 年被横行宇宙的僵尸军团侵占了家乡，通过时间黑洞穿梭到了现在的地球），也有"魔鬼猫吞噬负能量"的价值观，在产业化发展上成绩斐然，发展出上百种品类的数千种衍生商品。

文旅类 IP 的一大特征，就是一定有自己的世界观和历史文化，并先于文创故事存在，比如故宫、奥林匹克运动会、桂林山水、纽约、66 号公路等。

文旅型 IP 的特点是
以自己的世界观为中心容器，
不断容纳各种不同的故事和角色

IP 世界观设计的六脉神剑

经过几年的探索，我逐步梳理出了 IP 世界观设计的组成脉络，并借用了金庸武侠宇宙中的一个概念，称之为"六脉神剑"。

"IP 世界观设计的六脉神剑"

这六脉两两成对，

分别是"元设定"与"文化母体"

"规则"与"冲突"

"情境"与"人与物"，

是 IP 创造世界观不可或缺的六种动力

1. 元设定

IP 的世界观必然有一个元设定，整个世界根据元设定而生成。

最典型的如《流浪地球》，从一个高概念的、极具脑洞的科幻设定出发："如果太阳急速衰老膨胀，人类能否可以带着地球一起逃亡，去外星系寻找新的家园？"由此创建出一个独特的未来世界，一切事情、人物、场景皆因此而生。

又如《北京折叠》，整个世界基于一个大开脑洞的设定：北京折叠成几个完全不同的区域，分别由不同阶级和财富的人居住。

《行尸走肉》《釜山行》等一系列僵尸片或电影都是基于一个设定：有一种僵尸病毒会传染健康人类变成僵尸，并不断吞噬正常人，使人类社会陷入崩溃。

《玩具总动员》则基于一个假设：如果玩具都有灵，在暗中都是活生生的会怎样？

还有各种时间穿越型的故事，都是基于时空穿越的设定而创作的。

以上都属于单个创意型的元设定，还有另一种也很普遍，就是直接创建出整个架空世界的元设定。

架空型的世界观设定，比如《指环王》（《魔戒》）、《冰与火之歌》、《九州缥缈录》、《三生三世》等，结合历史文化或神话再创造一个并非现实的奇幻世界也属于这种，比如《西游记》《封神榜》等。

还有一种创造世界的方式，不是完全架空，而是创造一个与现实世界并列的平行世界，与现实相互交融，比如《哈利·波特》中是魔法世界与现实世界共存。

皮克斯动画工作室（PIXAR）非常擅长创造两个世界并行的世界观：《寻梦环游记》是生的世界和墨西哥亡灵世界共存；《怪兽电力公司》是现实世界的衣橱之内，连接着一个靠人类的恐惧与快乐维系能源的怪兽世界；《头脑特工队》则进入人的大脑，创造与现实息息相关的心理世界。

皮克斯世界观设计的独特之处在于，直接将情感代码放入新创世界的元设定中。换句话说，"情感内核"就是众多皮克斯电影里奇特世界观的法则。

以《寻梦环游记》为例：

——Remember me.

——死亡并不可怕，遗忘才是最终的告别。

——爱的反义词不是恨，是遗忘。

上述这些是《寻梦环游记》的情感价值观精髓，而且，这就是电影的世界观元设定：亡灵是靠生者的记忆所维系的，一旦生者的记忆消去，亡灵也将随之消散，迎来"最终的死亡"。生与死在这里并不是以肉体为分界点，记忆才是。一切故事、人物、世界的运转自然会深受其影响，均由此展开，自然就能给观众的心灵打下最深的烙印。

这使得《寻梦环游记》的情感力量非常强大，让观众潸然泪下，因为"有家人和爱你的人记忆为生，遗忘即死"同时是情感内核和世界观元设定。

在《怪兽电力公司》中，是吓唬孩子还是逗乐孩子既是全片的核心价值观冲突，又是平行怪兽世界的核心法则。平行怪兽世界不断从人类世界中汲取电能，先是靠吓唬孩子，后来转变为逗乐孩子。

《机器人总动员》的情感价值观是回归地球与自主耕种。为此，皮克斯的创作者做了极为重要的世界观设定：一旦飞船发现并确认泥土和绿植属实，则自动开启回程地球的设置。这正是全片的中转点，在这时发生了人类、瓦力、伊娃与已经异化的机器自动系统的斗争，并最终获胜，人类觉醒，返回地球开始新的自主耕种。

《头脑特工队》的情感价值观直接体现为内心世界的 5 个情绪角色：乐乐、忧忧、怕怕、厌厌、怒怒，是世界观设计的核心。而整个故事就以主角女孩从无忧无虑的童年期进入烦恼的少年期为主线，展现从情绪角色乐乐为主导的童年心态，向代表悲伤的忧忧让出一大部分主导权，才能让主角女孩顺利进入青春期，唯有放声大哭，才能完成成长，并重建新的平衡心理王国。

其他动画内容公司的电影，在设计世界观时也偶尔触碰到情感伦理，但往往没有皮克斯如手术刀切割一样精准、犀利，让情感伦理和世界的设定关系如此紧密。

随着拉塞特等皮克斯灵魂人物出任迪士尼动画创作总监，迪士尼近几年的新作也明显出现了这种手术刀式精准的情感伦理世界观设定。

《超能陆战队》是将温暖治愈的情感价值观直接设计为机器人大白的科技功能。

《疯狂动物城》是将现实中不同族群的文化差异及冲突直接设计为动物城的动物群体差异和视觉差异巨大的社区，成为世界观设计的核心理念，这使得《疯狂动物城》从立意和世界观上就明显迥异和高于其他众多以动物为城市居民的动画。

2. 文化母体

关于文化母体，我已经在本部分的 2.2 节有详细阐述，这里只略做补充。

IP 世界观的设计一定与文化母体息息相关，所有成功的世界观设定，一定是依托于某个现成的文化母体，再结合其他文化母体再创造的。

下图是我之前介绍过的一些经典 IP 与文化母体的关系：

文化母体：童话世界

迪士尼以欧式古城堡为符号，
因为象征着其文化母体

文化母体：巫师世界

《哈利·波特》的巫师文化不是罗
琳凭空创造的，有上千年历史

文化母体：机械文明

《变形金刚》表达的是人类对机械
化时代新文明的想象与热情

文化母体：三教合一

《西游记》有释、道、儒+取经故
事，是中国人完整信仰观的投射

文化母体：家园意识

《流浪地球》不仅是科幻故事，还
是中国人家园观念的强烈表达

文化母体：客家土楼

《大鱼海棠》最打动人的，是从
客家土楼到自然生灵的文化感

下图是我总结的根据世界观的不同而形成的内容 IP 分类：

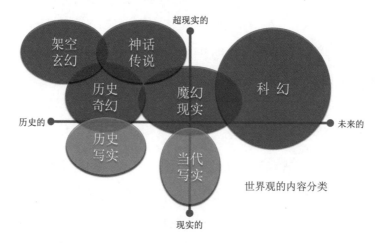

世界观的内容分类

这当中，要想成为能创造超级文化符号的超级 IP，基本都在上半部分，纯现实的故事是很难做到的。

这是因为，只有创新的文化符号，才能成为有自属知识产权的 IP。

打个生动的比喻，有人拍了一部与中秋节送月饼有关的现实电影，也许这部电影拍得非常好、非常感人，人物角色也不错，但他是不可能因此就独占"中秋节送月饼"这个文化符号仪式的。

只有当 IP 作品是在中秋节文化母体的基础上，以想象力创造新的中秋节神话时，才会产生新的、作品知识产权专属的文化符号。

所以，只有当你用想象力重新演绎了中秋文化，至少让嫦娥或吴刚、玉兔有新的形象，并有新的想象化故事创新，你才有可能独占你创造的新符号的知识产权。这才是 IP，IP 就是知识产权。

没有创造性地发展文化母体，就没有独特的世界观，也就无法形成创新的文化符号，将来的产业化延伸就极其困难和有限，很难成为广泛赋能的超级 IP。

3. 规则

世界观仅仅有元设定是不够的，还要根据元设定和文化母体的特性，按照一套严谨的逻辑，设计出整个世界的运行规则，并完全围绕元设定展开，偏离越大，问题越大。

电影《长城》的问题就出在不尊重元设定产生的逻辑：

元设定是有大怪物饕餮的存在，但除了这个产生了长城，在电影呈现的日常生活中，完全感受不到有大怪物饕餮的逻辑存在。在影片中，世界的风景、日常生活、社会矛盾与元设定的关系极弱，饕餮的存在流于形式，整部电影是"混搭"出来的，不是浑然一体的，整个是脱节的。

这些问题在《哪吒之魔童降世》中得到了很好的解决。新版哪吒中的所有社会关系、所有人物关系矛盾、所有人物的成长和情节冲突，都紧扣在封神 IP 世界的运行规则中，与其设定紧密相关。

所以才说，中国电影的世界观变得成熟了。

但与世界顶尖水平相比还是有一定差距。比如，《疯狂动物城》就很好地展现了如何让元设定以一套完整逻辑展开，生成了"动物城"的整个世界是如何严谨细密的，并充分展现了"规则逻辑"的定律——不凭空乱造，所有的规则都是现实常情的种种投射。

《疯狂动物城》是将现实中美国的多元化种族社会，在创造世界中按照肉食动物和草食动物的分类，以及不同动物的体型，进行了清晰完整的划分。

而最绝妙的是，这同时又形成了一套新文化符号系统，不仅是动物的特性差异，还有气候、体型大小的划分，极其清晰明了，并通过反差，产生了极多的笑点。

比如，黑帮大佬的打手们都是身材巨大的熊，而大佬自己则是一只鼩鼱；树懒成了车管所办事员，其缓慢的特性与行政低下的作风高度相符，还起了个极为反差的名字"闪电"。

4.冲突

与一般现实型作品中冲突往往来源于人际关系矛盾不同的是，超级 IP 的作品，其冲突必须来源于世界观和规则本身。

基本上所有能成为超级 IP 的作品，冲突都来源于此。换句话说，如果一般有强世界观设定的作品，其冲突不来自元设定的规律，那这部作品基本上就崩塌了。

这正是《无极》让人失望的根本原因：只搭建了一个漂亮的世界，光怪陆离，元设定和规则却缺乏张力，让故事的核心矛盾无法落在此处，让人记住的，只有对一个馒头的记仇，和"跟着你，有肉吃"这种没有世界观也存在的人际关系。

反之，《哪吒之魔童降世》的根本冲突就不是来自人与人，而是主角哪吒作为魔丸，产生的魔性与人性的对抗，以及被元设定锁定的宿命，即"我命由我不由天"；而另一主角敖丙，其冲突也是来自一方面是身为灵珠的善性，另一方面则是身为妖魔的宿命。

《哈利·波特》故事的核心冲突则是西方式的，即主角与伏地魔，围绕巫师身份和社会地位产生的两种价值观冲突。

《玩具总动员》中伍迪的烦恼，其实是身为玩具的使命，与其他玩具及宿命之间的烦恼，构成了全部四部片的主线，最终到第四部，以摆脱玩具身份、实现自由而彻底解决。

所以，仅有元设定和规则逻辑，是不足以成为故事的，<u>人性和规则、元设定发生冲突，才产生了故事</u>。

仅仅是人变成僵尸是没有价值观的，怎样摆脱僵尸才会有价值观。

哈利·波特仅仅是普通人变成巫师是没有价值观的，怎样与伏地魔斗争才能体现价值观。

总之，冲突的根源力度，决定了超级 IP 的强度。

5.情境

所谓"情境"，是世界观里的人情味。

情境和整个 IP 的情感内核息息相关，而情感内核代表着世界观的最终人性本质。

所以，一个 IP 世界的创世、元规则、社会系统、冲突对立面，角色体系、未来走向等所有这一切，都要与情感内核扣在一起，不然就会生硬而没有共情。

总之，核心设定、时间、地点、人物、故事、逻辑、细节……这些都需要经过情感内核的一次过滤和取舍，最后留下来的、呈现的，就是情境。

6.人与物

在超级 IP 中，人、物和景观都不是普通的，而是文化符号体系里的角色、道具、场景，这些既是故事的组成，也要与世界观及背后的文化母体紧密结合，并做出创新。

如果不能让人与物形成创新性的文化符号，那 IP 的新世界观还是无法真正落地。

在设计世界观中的"物"上，最成功的案例之一当属精灵宝可梦，它有成千上万种宝可梦，皮卡丘和可达鸭等更是风靡全球。

在设计世界观中的"人"上，最成功案例之一是以漫威/DC 为代表的超级英雄。它们有成千上万的、取之不尽用之不竭的超级英雄库，而且个个都有自己鲜明的文化符号识别，以及独特的能力和使命。

要像设计游戏一样设计世界观系统中的人与物，简单来说，就是要做到符号指代感、道具感、仪式感。就好比《哪吒之魔童降世》中的两位主角，可以用最简单的额头上的符号来指代；而所有关键物品都是有象征意义的、功能性的；关键的场景则是可游戏性的、互动的。

但是，这部分的设计一定是最后考虑的，首先要将前面的设定、规则、冲突、情境设计好，并与文化母体做好连接。不然就会出现世界观准备不足，靠砸钱和请一堆大明星来弥补的问题，但其实是修补不好的。

总结一下 IP 世界观设计的六脉神剑：

（1）元设定尽可能独特、创新、高概念。

（2）要有强大而现成的文化母体做依靠，以旧带新。

（3）世界规则一定要逻辑严谨、自然合理，确保世界观下的生活质感，否则人们无法持续沉浸。

（4）冲突要与核心设定紧密相关，最好是人性与世界规则的冲突。

（5）要营造出高共情力而独特的情境，依此进行取舍，决定风格美学。

（6）把人、物和景观当成文化符号系统来设计。

从"六脉神剑"看几个 IP 的成败

下面，我用"六脉神剑"来剖析解读几部著名电影的世界观设计系统。

先从《捉妖记 1》开始：

在《捉妖记1》中，世界观的元设定是一个人与妖共存的世界，其文化母体显然是来自《山海经》和《聊斋志异》，而世界规则是人可以任意消灭妖，因此有十钱天师等职业捉妖师，而故事的核心冲突就是捉妖者的使命和与可爱小妖产生亲情之间的冲突，情境也因此而产生，人世的险恶与小妖的天真可爱形成强烈的对比，并因此有小妖王胡巴、各种捉妖师、各种妖怪，以及法术、技能、神力、捉妖道具等。

整部电影的冲突是围绕着人与妖的敌对与亲情的矛盾展开的，所以是开创性的"魔幻合家欢"类型。它为什么大获成功？因为世界观的魔幻奇诡与情境的亲情爱意结合得非常融洽，其情感内核完全因世界观设定而生。

相比之下，《捉妖记2》被认为失控和有失水准，因为情境和冲突之间发生了脱轨。最关键的原因是，梁朝伟的角色以及"浪子回头"的故事线，其实与世界观毫无关系，偏偏又分量最重，使得整部电影被拽离了主航道，"合家欢"和"捉妖"都成了陪衬。

再说说《流浪地球》：

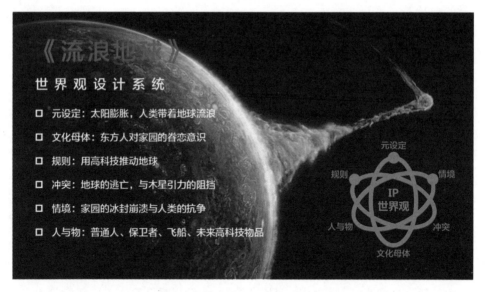

《流浪地球》的世界观元设定是太阳膨胀，人类被迫带着地球流浪，其文化母体不只是科幻的，还有东方人对家园的眷恋意识。而规则是如何用高科技推动地球，冲突则是地球的逃亡过程中，木星引力带来的危机。情境是家园的冰封以及一步步崩溃，以及人类的不屈抗争，并因此有飞船、各种未来高科技物品以及极具中国气息的场景，普通人与保卫者等人与物。

同样，整部电影的冲突、情境和情感内核完全因世界观设定而生，紧紧相扣，这是所有强设定电影能否成功的关键。

其实，《流浪地球》在人物的角色塑造上不算成功，但是，在设计世界观的场景上确实是一绝，创造得极为出色，也是全片最打动人的地方：我们最熟悉、最有感情投射的"家园"，变成了冰封千尺的绝境，达到了淋漓尽致。

最后说说《上海堡垒》：

《上海堡垒》电影崩盘的原因是世界观元设定和情境设定的严重不一致。元设定是科幻的末日灾难，而情境设定却是言情的。此外，电影还额外加了一种情境：即游戏战斗感，这使得电影的情境朝三个角度坍塌下去，并导致后面的世界观规则，与情感冲突之间是混乱的，无法一体化，并进一步使得全片的人与物，包括道具、服装、化妆和氛围，都处于相互冲突和紊乱中。

一部强世界观设定的电影，如果情境和冲突与世界观设定脱节，是必然会坍塌的。

总之，要想世界观令人信服，必须按严谨的逻辑，以元设定为底去搭建整个世界的时间、空间、人物，才能形成真正有生命力的世界，只要做得好，自身就能产生无数有趣的细节和彩蛋。

而世界观的规则能否落地，必须外接文化母体，内接故事与情感内核，实现高度一体化逻辑，才能让世界观下的情境建立起来。

我国 IP 的世界观，过去一直设计得有所不足，所以当《哪吒之魔童降世》展现出世界观设计的成熟时，真的令人非常欣喜，并期待发展出"封神IP 宇宙"！

不只是新版哪吒，近年来的《西游记之大圣归来》《白蛇：缘起》《长安十二时辰》等，都展现出创造世界观及文化符号系统的能力，是我国本土 IP 的宝贵进步。

IP 世界观的情境力量

"情境"必须到位，世界观才能真正落到实处。

在 IP 世界观设计六脉神剑中，观众最容易感受到的就是"情境"，它决定了世界观的空气，决定了冲突的善恶之分，决定了与观众的情感连接关系，也决定了整个 IP 作品的美学风格。

其实任何 IP 都有情境，即使没有故事，没有独创的世界观，也依然有情境。

IP 的世界观有大有小，小情境小世界观，大世界观大情境。

小情境往往是日常生活的、突出某种情感氛围的小故事。比如《加菲猫》漫画，讲述的就是加菲猫和主人、小狗之间的生活情境。

《樱桃小丸子》讲述的是小丸子在家里和学校的各种生活情境。

《和女儿的日常》讲述的是暖爸陈缘风陪伴女儿成长的温情故事。

"张小盒"讲述的是小白领日常加班、劳累与执着的小情境。

而大世界观的情境，往往有一个超现实的元设定，让世界独特运行。

IP 宇宙则是多个强大的 IP 联合在一起，组成更大世界观的宇宙，形成情境的叠加。

一个世界观下可以展现无数种东西，<u>最终呈现什么，以什么样的风格呈现</u>，就是情境所决定的。

情境既是情感，也是氛围，更是 IP 的态度。

《行尸走肉》的情境是在废土和末世中有尊严地生存；《哥斯拉》的情

境是对不可抵抗的大灾难的恐惧;《白蛇:缘起》的情境是人妖不顾一切之恋,这与经典传说一脉相承,所以尽管故事和人设有大变动,观众依然觉得这是忠于原故事的。同样是超级英雄,漫威的情境更加通俗、阳光和简单,在全球大受欢迎;而 DC 的情境更黑暗,又希望富有哲理,结果在 IP 宇宙化的过程中屡屡受挫,直到最近,DC 的新超级英雄电影修改了情境,才更受欢迎。

当然,DC 宇宙的黑暗情境设定还是很棒的,出过《蝙蝠侠前传 2:黑暗骑士》这样的极品,最近的《小丑》也全球大爆,被誉为极有艺术水准的暗黑英雄之作。

不只是文创 IP,品牌 IP 化的情境,未来也会越来越重要:

京东通过其小狗 JOY 的 IP 化塑造,一直在努力创造温情有爱的情境;江小白通过表达瓶的产品,在持续不断地塑造情境。

总之,情境是世界观与情感内核的结合,决定了 IP 世界观里生灵诞生、存在以及死亡的意义。而世界观的强度、丰满度、可持续发展程度,决定了超级 IP 能否孵化成功。

没有超强的世界观,就产生不了超级文化符号,即使有好故事、好角色,也不足以发展为超级 IP。

2.6 5S 原理之 4：超级 IP 的 9 种故事原型

原型化故事最有情感力

在 5S 原理中，情感内核、角色设定、世界观设计这几项都是有固定的创作规律可遵循的，而故事的具体创作方法，则是丰富和多元化的，每一个创作者、创作团队都有自己的经验和秘诀，不需要一概而论。

只有故事的原型，有相对固定的模型，可以进行提炼和归纳。

原型是什么？按荣格的说法，它是指神话、宗教、梦境、幻想、文学中不断重复出现的意象，源自民族记忆和原始经验的集体潜意识。这种意象可以是描述性的细节、剧情模式，或角色典型，它能唤起观众或读者潜意识中的原始经验，使其产生深刻、强烈、非理性的情感共振，表达人类潜意识寻求突破的渴望和努力。

通俗地说，故事原型指的就是：

故事定位在基本人性点上，表达人性最基本的成长、关爱、安全感、帮助等。

比如，《老友记》是一群年轻人从自由相爱到成家的过程；《航海王》是一群年轻人的成长与团队冒险；《哆啦 A 梦》是童年渴求的伙伴。

每个超级 IP 的故事，都有一个

故事原型

在我写这本书之前，好莱坞已经有一整套的故事原型分类法，给我们的创作提供了不少帮助。但是也有问题：我逐渐发现，好莱坞的故事原型分类法，主要针对的是真人剧情片的模型，对如何孵化超级文化符号（超级

IP）的故事，关照得不够。

于是，我决定在好莱坞故事原型分类和荣格关于原型的理论上，做了一些调整和补充，进行了新的故事原型分类，希望能有助于不同创作团队在初始策划阶段的思考。而具体的创作方法仍然应该是多元丰富的，每个创作者有其自己的秘籍。

创造超级 IP 的 9 种故事原型

超级IP的9种故事原型

有缺陷的人与神奇伙伴　人性本真者的日常生活　对抗恐惧的化身

与自己的阴影作战　寻找圣物的寻宝团　无名小卒被选为救世英雄

王者归来　天真无邪者的大获全胜　悲情英雄的救赎

1. 有缺陷的人与神奇伙伴

这一原型故事的代表 IP 有《精灵宝可梦》（小智与皮卡丘）、《哆啦 A 梦》（大雄与哆啦 A 梦）、《超能陆战队》（小宏与大白）、《花生漫画》（查理·布朗及小狗史努比）等。

皮卡丘：最具灵性的萌宠伙伴

在好莱坞故事类型中有"伙伴之情"可以将这个 IP 容纳，但远远没有能讲出这种类型是如何创造超级 IP 角色的。所以我特意将其单列出来，并作为第一个类型。

这一故事原型有三个核心：

（1）有缺陷的人

主角是一个有明显的各种缺陷的人，但要谨记的是，主角的各种缺陷就是普通人的各种心理缺陷，并不会达到病态，但是会将普通缺陷有所夸张，从而让观众对这个角色产生足够多、足够强的投射，产生"这家伙的这些缺陷和我一样"的共鸣。

（2）神奇伙伴

一定要有一个超现实的强大伙伴，这个伙伴往往不是人，而是动物、机器人、外星生物、精灵等种种类型，它们具有某种强大的超级能力或奇特的性格，并担负起帮助主人的使命，非常神奇，但又有一些明显的小弱点，使之显得可爱和可亲近。

（3）典型的成长情境

故事的背景往往与人的基本成长情境有关，要么是童年，要么是青春期，要么是第一次出外闯荡探险的经历等，这样能结合人性自我成长的基本需要，让观众产生足够的自我投射。

这一故事原型有一个非常显著的结果：故事中的神奇伙伴极可能成为超级 IP 角色！而主角则未必很受人待见或喜爱，甚至主角的成长性是不足的，长期处在各种缺陷改不好的状态（如大雄）。

所以，从正统的故事角度看，虽然主人公的成长和发展是不足的，但这样反而更能让神奇伙伴成为超级文化符号，让人们对它投入足够多的喜爱，并在后期的衍生中抛开主角，让神奇伙伴成为中心，因为它代表了人们最渴望拥有的陪伴。

2. 人性本真者的日常生活

这一原型故事的代表 IP 有《樱桃小丸子》《蜡笔小新》《小猪佩奇》《加菲猫》，真人剧则包括《生活大爆炸》《老友记》《爱情公寓》等。

此故事类型往往情节平淡，不适合大电影，有大量情景化喜剧，但并不是每一个情景剧都能产生超级 IP。

这一故事原型也有三个核心：

（1）人性本真状态的夸张化主角

主角往往个性非常鲜明，而且极其本真，几乎所有故事点都是主角的个性驱动的。

（2）基本的日常生活状态

故事往往都是基本的日常生活，而且世界一般不大，要么围绕着一家人，甚至就是主人和宠物，或者是一群未成家的年轻人的单身生活。

（3）主观化情境

虽然是日常生活，但却并非客观化的故事，而往往是极为主观的情境故事。比如，樱桃小丸子是以她为第一视角讲故事的；蜡笔小新的故事完全因主角的特殊化而不同；加菲猫的故事从头到尾都是加菲猫的主观傲娇视角；《生活大爆炸》则是一群"怪咖"的不同寻常的生活，特别是谢尔顿（Sheldon）。

这一故事原型的成功与否，取决于主角是否因其独特个性和态度成为超级 IP 角色。与第一种类型不同的是，这种类型要求主角非常受人喜爱，完全是主角英雄。

还有，这类故事常常被归类到"治愈系"，因为故事能抚平人心的某种创伤，让心灵得到抚慰。

3. 对抗恐惧的化身

这一原型故事的代表 IP 有《哥斯拉》《侏罗纪公园》《奥特曼》《喜羊羊与灰太狼》《进击的巨人》《生化危机》《行尸走肉》等。

这一故事原型有两大要素：

（1）被恐惧的象征所包围

比如，哥斯拉进攻人类社会；《进击的巨人》中是人们生活在为躲避巨人的高墙中；《侏罗纪公园》的故事就发生在遍布恐龙的公园中；奥特曼必须不断应对各种外星大怪兽对城市的袭击；而喜羊羊所在的羊村和学校，始终处于灰太狼的窥探和图谋中。

特别指出的是，虽然《喜羊羊和灰太狼》是喜剧，而且灰太狼总是被轻易打败，但本质上它仍然是人类集体无意识的恐惧的表现。这是它备受欢迎的根本原因之一，喜剧只是用来克服原始恐惧的手段。

由于此类故事原型是人类对外部恐惧的具象化，所以这类故事几乎都有一个相对封闭的、备受威胁的环境。

（2）胜利只是暂时，对抗永无停息

尽管在故事中，人类能想出各种办法抵抗外敌，但威胁永远存在，人类只能永远提高警惕，不断应对新的危机。

这类故事很容易产生代表恐惧力量的超级 IP 角色，如果人类的对抗也非常强大，则同时能产生正反两种超级 IP，比如奥特曼和各种怪兽。而《喜羊羊和灰太狼》则通过战胜和嘲弄恐惧取得了不一样的效果。

4. 与自己的阴影作战

这类故事原型同样是强对抗型，但与上一种对抗外界恐惧不同的是，这主要是与自己内心的阴暗面和邪恶作战。

其代表 IP 包括《变形金刚》《哈利·波特》《星球大战》中卢克与黑武士的战斗、《猫和老鼠》、《熊出没》、《哪吒之魔童降世》等。

这类故事原型的共性是：

（1）大反派要么亦正亦邪，要么是正派的堕落者，或者正邪非常相似。

比如，黑武士和伏地魔都是

《哪吒之魔童降世》的故事，
其实是人类童性和自己的阴暗面及命运的战斗

堕落者，而博派和狂派的能力、风格都非常相似，完全可以看成人性内在善恶的两元对立。

（2）反派是人性的阴影，有"转正"的可能。

阴影其实代表人性中被压抑的能量，是内在的另一个我或负面人格。所以，尽管阴影型反派和主流价值有巨大冲突，但本质并非不好的，一旦承认和正视，则完全有可能"转正"。

比如，黑武士最后拯救了卢克；哈利·波特从伏地魔身上汲取了巨大力量，他自己也是伏地魔的魂器之一。还有一个简单而搞笑的例子，就是经典动画《猫和老鼠》，它们总是在打来打去后，突然又和解，变得温情起来，令你无法分出它们谁正谁邪。

《哪吒之魔童降世》中的哪吒是典型的正邪合体，他最大的敌人、要突破的人都是自己，最终实现从阴影到光明的转化。

越是矛盾化的阴影型角色，越易产生超级 IP。

5. 寻找圣物的寻宝团

一群能力各异的人物上路，去寻找某种宝物，是人类最经典永恒的故事之一。这一原型故事的代表 IP 有《西游记》《夺宝奇兵》《航海王》《魔戒》等。

阿尔戈号金羊毛探险队是人类最早的集体寻宝探险故事之一。这类杰出作品很多，但如果要发展成为超级文化符号，还有几大要素：

（1）寻找的东西必须有某种神圣内涵

要么是能给人带来升华的典籍，要么是某种圣物，要么是心灵的钥匙，总之不能太世俗。

所以，《西游记》中取的是真经，《夺宝奇兵》中寻找的是圣杯，《航海王》中寻找的是人生梦想，《魔戒》中寻找的解决魔戒、拯救世界的办法。

只有当寻找的东西是神圣的，与经典文化母体相关，IP 才能成为超级文化符号。

（2）寻找者必须有坚定的信念

这也正是唐僧尽管无能却极为重要的原因，因为他有信念。整部《西游记》的基础，还是依靠唐僧的信念来支撑的。

（3）寻找过程是"天人交战"，是自我超越

所以我们可以看到，在这些探险故事中，无不有各种人性的基本欲望在与探险的神圣任务进行交战。

6. 无名小卒被选为救世英雄

这是一个小人物从"Nobody"成为"The One"的被选中、拯救世界的故事原型。代表 IP 包括《黑客帝国》《超人》《蜘蛛侠》《哈利·波特》《星球大战》等众多英雄成长的故事。

这一类故事的基本特性已被人熟知，就不再一一介绍，只说一个非常不一般的特质：主角要么大有来历，要么是被选择的。

虽然在开始时，主角总是以各种自卑的形象或被排斥的身份出现，但其实剧情往往会设定为主角其实不是一般人，只是他自己不知道而已。

比如，超人后来才发现自己是氪星人；哈利·波特在现实中是个可怜的孤儿，却是魔法界崇拜的、从婴儿时就击倒伏地魔的人；卢克是个乡下小子，但其实是黑武士和女王的孩子。

又如，小程序员安德森被告知是救世主，是 NEO；蜘蛛侠曾是一个自卑的、没有父母的贫穷男孩，却无意中被蜘蛛咬了一口……

我发现，凡是能成为超级文化符号的超级英雄，其觉醒往往来自外界的启发。

7. 王者归来

与第 6 种类型不同的是，这一故事原型的主角从一开始就很清楚自己的身份、来历，但因为各种原因而被压制或放弃，最终又重整旗鼓，恢复了自己的信念和能力，重新站在世界之巅。代表 IP 包括《西游记之大圣归来》、

《狮子王》、《魔戒》中的阿拉贡王子、《角斗士》等。

《西游记之大圣归来》
就是一个英雄在落难后重振雄风的故事

《权力的游戏》中，龙母和雪诺刚好代表了两种原型：一个是自觉的王者归来，另一个是大有来历而不自知的小人物。所以，只有让这两者之一登上铁王座，才能满足观众的潜意识心理。

这一类故事进一步成为超级 IP，最重要的特质是：王者归来所代表的王者，一定要有足够强大的文化母体背景，才能足够令人信服。

8. 天真无邪者的大获全胜

这一故事类型的主角，与前两种不同的是，真的都是不太强大的角色，或者边缘者，就是胜在足够单纯、足够天真。代表 IP 包括《阿甘正传》《帕丁顿熊》《怪物史莱克》，以及格林童话中的众多故事，如《灰姑娘》《白雪公主》等。

帕丁顿熊是"至萌则无敌"的代表

这类故事的主角取得的成绩往往是有限的，更多的是成就自己、拯救自己，而不是成为救世英雄，所以更像是童话或者寓言；而前面几种英雄故事则更像神话。

不是所有小人物逆袭的故事都能成为超级 IP，事实是大多数都不能，因为大多数这样的故事都是普通的成功学故事，而世俗成功学式故事是很难成为超级 IP 的。

只有角色本身足够简单、纯粹、呆、萌和可爱，才有可能成为超级 IP 符号。

9. 悲情英雄的救赎

与前一类角色能大获全胜不同的是，这类角色往往以失败、悲情结束，但同样能成为超级 IP 符号。代表 IP 包括切·格瓦拉、唐·吉诃德、关公、我国四大民间传说等。

关公是民间信仰中最受欢迎的 IP 之一
是典型悲情英雄的成圣过程

这一类强文化符号的成功关键，不只在于失败和悲情，而在于以下两点：

（1）主角要有足够强的信念，而且是超越世俗的。

比如，关公的义薄云天是远远超乎于常人的，而切·格瓦拉、唐·吉诃德都有普通人达不到的、不为世俗所理解的坚定信念。

（2）不能仅仅有苦难，还要有救赎转化仪式。

唐·吉诃德与风车作战成为永恒的经典。

关公从关羽转化为武帝经过了历代不同册封和加封。

又如，我国的梁祝、牛郎织女、孟姜女、白蛇传这四大民间传说，不仅都是悲剧故事，而且都有重要的蜕变仪式：梁祝是化蝶，牛郎织女是一年一次的七夕鹊桥相会，孟姜女是哭倒长城，白蛇传是水漫金山及被镇雷峰塔。

以上就是我提炼梳理的 9 种最适合孵化超级 IP 的故事原型，与好莱坞的 9 种故事原型不同的是，<u>更注重故事中角色成为超级文化符号的可能</u>。

附上好莱坞的 9 种故事原型供参考：

9 种好莱坞故事原型

阿喀琉斯	康迪德	灰姑娘
一个有致命弱点的英雄	**一个纯真无邪者大获全胜**	**一个出身卑贱者梦想成真**
喀耳刻	浮士德	俄耳甫斯
好人被坏人穷追不舍	**把灵魂卖给魔鬼，终要偿还**	**被夺走的幸福，努力寻回**
罗密欧与朱丽叶	特里斯坦	流浪的犹太人
真爱路上的巨大阻挠	**三角之恋，第三者可能是使命**	**被放逐的流浪者，无法回家**

IP 故事创造的思考方式还有很多，在本书前面 5S 原理的介绍中，其实也暗含了故事的模式。

比如，在本书第二部分 2.3 节描述情感内核中信念和欲念"天人交战"的四种能量场，即"正能量"场、"反能量"场、"沼泽中的能量"场和"幸运儿的能量"场，其实就是四种故事模型。

又如，在 2.4 节创造 IP 角色的三步法中，关于"自我投射"和"宠物/伙伴"两种类型的三观设计过程，也是两种不同的故事模型。

2.7 5S 原理之 5：走向超级 IP 的符号设计

符号设计是 IP 到超级 IP 的通行证

现在来谈谈最后一个"S"：文化符号的设计。

一个 IP 仅仅有好故事和好角色是不够的，角色和元素是否具有符号性、辨识度、可拓展性，是 IP 能否升级转化为文化符号的通行证。

我国有大量不错的影视和动漫作品，但在符号化程度上不到位，以至于除了做一些周边产品，在内容热映时有一些产品短期热卖，其他的产品化则很难持续、长久。

很多人将原因归咎于 IP 的历史积淀不够，其实这只是一部分原因。至少还有一半原因是，其内容根本缺少符号，内容的"炼丹炉"没有成丹率，所以就做不了泛产业化和衍生品。

金庸的武侠作品，在内容上并不比漫威或 DC 的超级英雄差，在华人世界里更是无处不在，但为什么没有形成丰富的衍生品和产业化，而只有影视和游戏作品呢？归根结底不是内容的原因，而是金庸武侠缺少高度可识别的符号设计系统。不仅是金庸，其他武侠、仙侠作品也有同样的问题。

不少内容公司在作品受欢迎后，总是拿出一大堆剧中的人物形象去谈授权，其实是有问题的。关键问题在于，IP 授权的本质，是围绕着 IP 的核心符号展开的。如果没有或无法提炼出核心符号，后续的授权一定堪忧。

所以，如果在起初孵化 IP 时不注重符号性，会造成非常麻烦的后续发展问题。即使是一个超大内容的影视剧，无论当时多么受欢迎，最终能形成长时期、广泛授权的，一定是关键的几个符号化角色或元素，而不可能是内容的全部。

而如果无法成为文化符号，就很难实现 IP 的跨产业大发展，因为在跨产业的过程中，传播的只能是最有代表性的符号。

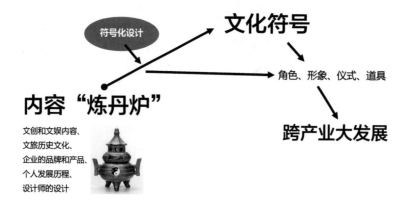

符号化设计的成功，对于 IP 的跨产业大发展是不可缺少的。

一个 IP 可以来自文创和文娱内容、文旅历史文化、企业的品牌和产品、个人发展历程或设计师的设计。但是，这些林林总总，如果没有经过有意或无意的符号化过程，是无法成为文化符号的。

只有游戏、演出等是整个内容的授权，其余各种产业的授权，一定是围绕文化符号展开的。所以，一定要在 IP 孵化的早期就做好符号化设计，这是必经的阶段。大多数内容做不好产品的授权，其主要原因就是设计没有做好。

IP 符号设计的 4 个原则

1. 文化符号一定是高度浓缩的

能让人一看到这个符号，就能联想到背后的内容、情感和文化母体。

小猪佩奇不只是普通可爱的小猪，而是独特符号性非常强的小猪。

它的符号辨识是：粉红色、独特鼻子、童真线条感。

之所以会出现《啥是佩奇》这样的爆款短片，
与佩奇形象的独特符号性有极大关系

2. 文化符号有明确的造型、色彩、延展性

它一定能以简洁的特征、独特的识别力和有力的情感印记打动大众。

蓝精灵的符号辨识是：蓝色的（核心）、群居的、弗里吉亚帽。

皮卡丘的符号辨识是：黄色、小胖、闪电尾（核心功能）、红腮。

大白的符号辨识是：白色、胖大充气膜、两黑点一线（极简五官）。

黑武士的符号辨识是：黑色、面具、恐怖阴影感（核心）。

小黄人的符号辨识是：黄色、潜水镜式大眼、胶囊状。

哆啦 A 梦的符号辨识是：蓝加白配色、没有耳朵、圆脑袋与圆口袋的
呼应（核心）。

熊本熊的符号辨识度是：黑色、红腮、白色充满"呆憨感"的五官。

熊本城的黑色　　　　　　　　萌系角色的腮红　　　　　　　熊本熊

3. 文化符号可以被轻易使用、复制和传播

只有这样，才能让 IP 的粉丝、信众和传道者很容易使用。IP 亚文化的形成，是需要共识化极强又极简单的符号的。

比如，米老鼠为了加强符号性，最终简化为三个圆。

4. 文化符号不只是形象，还包括手势、色彩、仪式、道具和场景，超级 IP 往往是一整套的文化符号系统

独特辨识度是第一要求

独特辨识度对于 IP 符号来说，是首先需要考虑的问题。

有很多内容本身不错，很受欢迎，但是却与一大批同类作品的角色形象、风格非常相似。这就是 IP 的符号独特辨识度太弱，很难实现跨越内容次元壁的大发展。

伟大的 IP 一定同时是超级符号，所以必须有自己独特的符号辨识度和强大的情感浓缩性。如果没有，就等于没有自己独特的文化识别，就只是从众者。

简而言之，只有核心粉丝才认知的不是强大的 IP，能让路人也能辨识的才是。

建立独特辨识度说起来简单，其实相当难，而且不只是纯设计的工作，更重要的是设计前的设定。没有独特的设定就没有独特的符号。

设计师 IP 的符号设计能量

相比内容型画师，设计师确实更容易理解独特符号的魅力，所以很多成功 IP 是设计师或艺术家创造的。

KAWS 的核心符号就是两个叉，代表着否定 + 戏讽的情感力量。

奈良美智的梦游娃娃，具有一种不可思议的、将人带入潜意识梦境的力量。

从 BAPE(猿人头) 到大嘴猴，都有一种与人类始祖发生精神连接的力量。

设计师 IP 要足够强大。由于没有故事，所以非常需要设计师的个人风格以及强有力的个性，做到"人设合一"，比如魔鬼猫。

设计师 IP 的另一大特点就是通过设计，不断进行各种文化元素的嫁接，形成非常丰富的形象，同时万变不离其宗。比如，Molly 就大量进行了换装和跨文化尝试。

KAWS 的成功，最主要的就是利用自己的核心元素，对主流文化进行了各种戏讽。

现代 IP 的情感能量，往往需要通过一种非常纯粹、有趣和极具延展性的方式表现出来，这就需要强大的符号化设计。

总之，成功的 IP 文化符号设计，简单来说包括以下三点：

独特辨识度、
情感浓缩力、
简洁延展性。

小 结

5S 原理是超级 IP 的产品思维

（1）5S 原理包括情感、角色、世界观、故事和符号五个以"S"开头的英文单词，还包括文化母体的底盘。

（2）5S 原理是一种系统化的产品思维，其本质是将 IP 孵化当成产品开发，而非纯艺术思维，也不是注重短期的营销思维。

> IP 孵化应该是一个产品研发和完善的过程，其中有灵感和随性的部分，也有非常系统和理性的角色、世界观设计部分，以及注重心灵原型的故事部分，还有专业的符号设计阶段。

（3）文化母体是 IP 的底盘，成功 IP 是在既有文化母体新组合上的新创造。

（4）IP 的情感内核由情感定位、信念（价值观）和欲念（贪、嗔、痴、恨、爱、恶）三者组成，是 IP 的能量场。

（5）创造鲜明独特、打动人心的角色，是 IP 通往超级 IP 的关键。

（6）没有强大的世界观，即使有好故事、好角色，也不足以发展为超级 IP。

（7）每个超级 IP 的故事都植根于故事原型，原型是最具有情感打动力的故事模式。

（8）符号设计是从 IP 内容到文化符号的必经阶段，是转化为超级 IP 的通行证。

真正强大的超级 IP，需要像打造产品一样长期塑造，而不只是内容畅销，必须是能够跨界产业化的、在人们的内心锚定独特情感位置的"超级文化符号"。

Part Three

第三部分

超级 IP 的发展之道

超级 IP 的成功
是产品思维的厚积薄发

3.1 孵化之道：用产品思维做 IP

IP 化就像孵蛋，
从内到外，破壳而出的是生命；
从外到内，只是短期营销。

不仅对文创行业来说 IP 是产品，各个非文创行业也要把 IP 当成产品来开发和培养，而不只是营销手段，才有可能成功。

行业不同，做 IP 的出发点不同

在第二部分我详细阐述了 5S 原理，在这一部分，我会详细阐述如何运用 5S 原理来孵化 IP。

在本书的导入部分我曾说过：在泛 IP 时代，条条大路通 IP。文娱内容、商业企业、文旅体育、机构组织、个人、设计师或艺术家，都可以孵化出成功的 IP。IP 可以分为内容派和形象派两大类型，内容派是通过创造内容来打造 IP，形象派是通过创造形象来打造 IP。

不同的行业，可以选择 5S 原理中的不同 "S"，作为开发 IP 的第一出发点。

（1）有自己品牌和产品 / 服务的商业企业，最适合从"情感"出发来进行 IP 化。

（2）文化旅游 / 城镇乡村 / 博物馆 / 体育 / 机构组织等，最适合从"世界观"出发来孵化 IP。这是因为，这些文旅体育项目都有自己的历史文化传承，也就是说，本来就有自己的基本世界观，所以当然应该从自己最强的世界观出发，再进行情感、角色、故事和符号的打造。

（3）文创和文娱业的公司或个人创作者，最适合从"故事"出发来孵化 IP。这是因为，创造内容本来就是他们的工作，无论是情感、世界观、角色和符号体系，都是依托在新的原创故事上的。

（4）个人、虚拟偶像类 IP，最适合从"角色"出发来打造。因为其 IP 就是角色，甚至只有角色，所以，角色的成败直接决定一切。情感、世界观、故事、符号，都是通过角色来呈现的。

（5）设计师 / 艺术家或潮牌，最适合从"符号"出发来打造 IP。因为其首先设计的就是符号，其他一切都是为符号设计服务的。当然，在实际作业过程中，这个"符号"往往就是"角色"，但一定是符号化的角色。

下面，我会主要阐述第一类：企业如何进行 IP 化。一是因为我自己从事多年的品牌营销和广告创意工作，对这方面不仅了解，而且有深切体验；二是因为企业是基本，其 IP 化方法对其他四类 IP 孵化具有通用价值。

企业为何需要 IP 化赋能？

有一个重要问题是必须先厘清的：非文创企业为什么要做 IP 或者 IP 化呢？

我非常认同一个观点：对绝大多数企业来说，在某一行业做好自己的产品或服务，打造好品牌，取得巨大的行业成功，是首要的甚至是唯一的目标。做一个 IP 像米老鼠或皮卡丘那样去跨界、跨产业，当然不是商业企业的目标。

所以我经常说，企业需要做的是 IP 化，而不是为了 IP 做 IP。

为什么企业需要 IP 化呢？

1. 和未来有关

如果时间不再推移，技术不再进步，网络化不再发展，媒体不再变化，消费者和企业的关系还是像过去一样，那么，企业做不做 IP 确实无关紧要。

但是，如果我们把时间看得稍稍长远一些——看到 5 年、10 年、15 年后，再把眼界放宽一些——看到网络发展和科技革命的未来冲击与机遇，再去思考企业的品牌、产品和服务的变化时，我们就会发现 IP 的作用。

IP 之于企业，在过去是有点用，在现在是挺有用，在未来会越来越有用。

目前已知的与 IP 作用密切相关的技术革命包括 5G、人工智能、虚拟及半虚拟世界（VR+AR+MR）。通过这些新技术，IP 将与人类生活发生超越过往的深度结合。

现在正在进入 5G 时代，将来还会有 6G、7G，代表着信息网络容量的超限扩大，从而带来媒体、社交、商业、娱乐的持续巨大变化。

人工智能带来的是信息技术的超级理解能力和交互能力。

VR 是虚拟现实，AR 是增强现实，MR 是混合虚拟现实。这些都将在未来，实现虚拟、半虚拟与现实的无缝嵌入，无论何时何地人们都能轻松地在现实和虚拟世界任意来回。

还有，如果出现能植入脑神经的技术，人类的上网和连接甚至可以不通过手机、计算机、智能家电这些硬件了。马歇尔·麦克卢汉（Marshall McLuhan）半个世纪前的《理解媒介》一书中就已经说过，媒体是人的延伸，在未来，这个延伸可能超越感官，直接进入人的大脑和意识中。

这些技术的发展对未来会产生怎样的影响，是无法完全预测的，但至少我觉得，未来可能让 IP，尤其是角色化的 IP，发挥更为重大的作用。

比如，未来所有的 App 服务都可以隐藏在幕后，直接用一个个 IP 角色代表。人们提出需求，IP 角色就能理解，并直接将人们所需要的景象呈现出来，比现在的 SIRI 强大得多。

再进一步想，不只是网络服务，所有的品牌、产品以及消费者个人，都会在虚拟世界有对应的 IP 角色和 IP 化场景，大家能通过角色和场景进行交互交流。这并不是天方夜谭。

这意味着，IP 角色和 IP 故事场景，有可能是未来的交互标配。

随着虚拟世界或者嵌入现实中的半虚拟世界不断发展，企业的 IP、产品和服务的 IP、个人的 IP，甚至还有纯虚拟自生的 IP，将共舞未来。

还有一种说法叫作"内容新商业"，即打通了顶层内容、中层供应链和底层大数据的生态化作业系统，使三个系统相互驱动、相互赋能、相互协同，进而形成更有自我进化能力、市场竞争能力、IP 化的新商业企业机体。对于这个说法，现在还落实不了多少，但在不远的未来，却是有可能逐步实现的。

2. 和消费者有关

我国的"90 后""00 后"甚至"10 后"，都已经在耳濡目染的影视娱乐内容中形成了 IP 认知和消费意识。而现代 IP 的属性，天然与消费者的情感有关，包括在消费者内心的情感定位、与消费者的情感联系、携带 IP 的情感社交等。

"90 后"的消费观和过去有明显的不同：

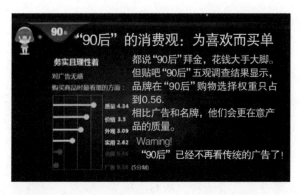

朋友和社群的传播力量大于传统广告（这一趋势不仅出现在"90后"，已经延伸到各个年龄段）。

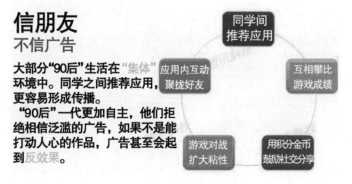

数字化的社交是"90后"生活和消费的基本。

（资料来源：腾讯科技所做的调查报告节选）

3. 和品牌价值有关

品牌需要占领心智没有错，问题是用传统的方法越来越难以实现，因此需要用品牌 +IP 化的方法，来实现与消费者情感联系的闭环。

传统的品牌形象建设方法，会逐步被 IP 化方法取代。

在建立品牌与用户之间的关系上，一直都是两条路一起走，既有理性的路，也有感性的路：理性输出的是性能、功能、利益、使用价值等；而感性输出的是形象、个性乃至价值观、情感连接等，获得的是消费者的情感共振，直至喜爱、偏爱甚至欣赏和崇拜。

其中，后者在过去的媒体环境下是传统的品牌形象方法，而在新的时代，则是 IP 化方法。网络将传播碎片化，将人群圈层化，而 IP 能将信息符号化，将人群粉丝化，从而将碎片化的信息通过情感连接重新串联起来。这些都是过往的品牌形象工程无法胜任的，而 IP 能实现。

这就是用品牌 +IP 化，来实现判断在脑和智，感受在心和情。让品牌 / 产品实现在消费者心中的情感定位，没有 IP，品牌不足以完成对消费者的造梦。

总之，对于非文娱类公司，IP 化的真正目标是帮助企业创造差异价值和更深入的连接，而不是跨产业。因为差异化和与消费者的关系，本来就是企业的基本竞争战略。

企业的 IP 化，要与产品 / 服务结合

一位营销业的多年从业者曾经对我说，感觉品牌做 IP，对于企业的日常，像是凭空插入，无处下手。因为企业的绝大部分工作，都是在忙着做产品、做销售、做营销，需要直接的商业效果，即使企业想做 IP，也会心有余而力不足。

这种看法反映了现在企业 IP 化的一个普遍误区："认为 IP 化是虚的，

只是品牌形象的辅助新手段，将企业的 IP 化完全等同于品牌的 IP 化。"这种误区造成的一个大问题是，将产品／服务与 IP 化割裂开来，不知道产品／服务也能 IP 化。

正如同产品是营销的基础，同样的，产品 IP 化才是品牌 IP 化的基础。

> IP 化品牌要想成功，
> 必须让 IP 下沉到产品和服务上，
> 让产品变得角色化，
> 或服务变得场景戏剧化。

产品角色化或者服务场景化，才是企业 IP 化的正道。而且如果这样做，即使是营销费用不高的中小企业、小产品，也同样能实现 IP 的赋能。

具体应该怎样做呢？不同行业的 IP 化方式是不一样的，我将其分为以下两种：

第一种，在偏情感化消费的行业中，IP 化与需要情感化的品牌密不可分。比如，在零食、酒类、饮料类、服饰类等行业，有江小白、三只松鼠、单身狗粮、张君雅小妹妹、可口可乐、七喜汽水、M&M 巧克力豆等非常 IP 化的品牌。

第二种，在既依靠产品功能或服务的实力，又需要将其体验化的行业中，IP 化与产品体验密不可分。比如，在平台化网络、教育、医疗、健身、地产、文旅景区等行业，有京东、天猫、美团、知乎、360、精锐教育、华强方特世界等半 IP 化的品牌。

在第一种情况下，品牌、产品、IP 在情感性基础上，实现高度一体化结合。

而在第二种情况下，品牌相对更理性，产品或服务相对更实用，而 IP 的任务是创造情感化体验，创造场景，使消费者觉得更亲切、更容易被打动。

针对第一种情况，我想重点谈的 IP 化案例是江小白。

江小白：IP 角色化品牌的代表

江小白一直受到很多关注，被普遍认为是我国最 IP 化的品牌之一。

很多人想当然地认为，江小白的成功是因为擅长利用社会化媒体和炒作。但实际上，江小白在微博、抖音、公众号上数据并不是表面上的火爆，而是平稳有序：江小白微博的粉丝量是 55 万人，只是普通，除了有明确抽奖活动的微博有成百上千的转发量外，日常性的微博转发量在几十个，并没有刻意像某些营销号一样，每条微博都似乎有大量转发。

所以认为江小白是靠社交营销和时尚活动成为爆款的，实在是想当然。江小白的成长，实际上是依靠将 IP 与产品高度一体化，独创场景解决方案，在点点滴滴、潜移默化中自然实现的。

正因为植根于产品和场景，江小白才真正成为一个 IP 化品牌，得到了大量年轻人的关注和认同。

江小白的 IP 化价值到底是什么？又是通过什么样的方式孵化和体现的呢？

江小白的 IP 化，首要是聚焦在消费者小聚、小饮、小时刻、小心情的场景，提供了更情感化的独特解决方案，而且是独有的，没有其他白酒甚至酒类饮料在这一场景与其竞争。

我在和江小白创始人陶石泉进行深入访谈时，他曾说道："把产品变成用户的某一个场景的解决方案，才是产品主义的本质，产品爆点就在这个产品解决方案里。两三个人坐在一起聊什么？一开始可能是尴尬的，当你拿起酒瓶子一看上面有句话，可能就是话题的开始。所以，江小白'表达瓶'非常充分地解决了这个场景的情感问题。"

陶石泉清晰地向我描述了江小白与消费者的共情四阶段："首先是小我，

小我是客观存在的。因为有小我，就有孤独感，人人都有孤独感。然后，我希望江小白的品牌精神能带出一些自知，这是第三个阶段。我们所有的文案也好，文化也好，都是落脚在自知。因为有自知，你自然就会产生小勇敢，也就是第四阶段。因为有了小勇敢，你面对生活的状态就会变得不一样了。我说的小勇敢是指敢失败，敢认错，敢平凡，敢表达。"

我用 IP 孵化的原理来解读：江小白的共情效应四阶段，前两点的小我和孤独是人的共性；到了第三点自知和第四点小勇敢，其实就是江小白独特的解决方案。在 IP 化品牌价值上，江小白品牌和人群的关系是平等的、平视的，这与其他白酒品牌强调的高高在上截然不同。

然后，<u>江小白的 IP 化直接体现在产品上、最直接的产品行销上。一个是被称为"表达瓶"的产品，另一个是各种线下的店面招贴，实现了 IP 与人的持续性情感连接。</u>

自面世以来，江小白推广的就是"表达瓶"：每一个产品的瓶子上都有一句能让消费者产生共情的"江小白语录"，而且句句不同，不断更新，持之以恒。"表达瓶"是江小白最具杀伤力的 IP 利器，与消费者形成了最亲密的接触，产生了最有效的情感共鸣。

一瓶酒，如果仅仅是当成喝的饮品，那与其他酒没有什么两样。但假如把这瓶酒当成一个供消费者阅读、体验的内容，而且每次喝的时候内容都不一样，那么江小白的 IP 价值就可以与产品价值完全合体，既实现产品的成功，也上升为品牌价值。

实现情感连接还有很重要的一点，就是强调"参与和互动性"。除了早期的"江小白表白语录"是创始人完全自创的，后期大量的语录是由消费者撰写、投递的。让消费者语录成为产品的一部分，这就让消费者成为江小白 IP 价值的共建者。

同时，众所周知，江小白的店面招贴渗透力极强，进入了大街小巷的众多小店中，并逐渐成为一种时尚和小店标配。而这些店面里的各种小招贴上，同样由江小白形象和一句语录组成，实现了无孔不入的情感沟通。

用户的参与创造不仅体现在宣传语录上，也进入了产品创新。比如，用户自发创造了江小白酒和雪碧的混合饮法，并称之为"情人的眼泪"。而江小白就借此发挥，将其开发成"江小白柠檬气泡酒"。

所以，江小白的产品就是 IP，IP 就是产品，同时也是品牌，这是高度一体化的。

江小白做的其实都是：
IP 化 = 产品内容化。

同样的方式还出现在单身狗粮、张君雅小妹妹等高度 IP 化的产品品牌当中，也取得了相当大的成功。

下面，再说说第二种情况的 IP 化案例：京东。

京东小狗 JOY：品牌 + 服务 IP 化的代表

京东本身不是一个 IP 化的品牌名，相对而言更理性化，代表网购的大平台。那怎样进行 IP 化呢？其方法就是推出一只名叫 JOY 的小狗。

小狗 JOY 和京东的关系同时有以下几种：

（1）作为京东的品牌形象，出现在各种广告尾版上。

（2）作为各种重大活动的形象，比如 618。

（3）作为京东快递服务的形象，让小狗戴上安全帽、骑着小车。

（4）作为各种联名款的京东代言形象。

京东之所以能将小狗 JOY 用活，是因为，它不仅仅作为品牌形象存在，还作为各种服务的代表存在，作为联名款存在。

为了充分塑造小狗 JOY 的服务精神，京东特意做了一条顶级动画级别的短片《JOY STORY：JOY 与鹭》，真正给小狗赋予了故事和灵魂；并运用自己的平台优势，让 JOY 和皮克斯经典的《玩具总动员》形象，进行了联合短片的推广。

简而言之，京东的小狗JOY在品牌形象、服务场景、艺术短片、产品联名、经典 IP 联合上全部出现，并进入了衍生品领域。

类似的方法天猫也在运用，天猫的 IP 形象出现在各种广告中，实现了反复和强烈的 IP 符号化记忆。但在自制内容和联名衍生品上，由于 IP 形象的生命感不足，还没有推进。

网络化平台由于需要与网民建立亲密连接关系，所以 IP 化运用得是比较多的。而相比之下，同样需要强调用户体验的教育、医疗、健身、地产、文旅景区等行业，IP 化运用还非常不足，有着巨大的、可提升的 IP 化空间。

现在已经有文旅景区开始将自己当成一个整体的 IP 去打造，实现沉浸式体验，并为此融入游戏、形象、故事等多种 IP 化要素。比如乌镇，是很具有 IP 化整体设计思路的。

IP 化像孵蛋，从内到外才是生命

如果只是纯品牌的 IP 形象打造，往往只有等企业足够强大之后才能实施；而产品 / 服务的 IP 化其实是直接、快捷、有效的，在任何阶段都可以做，尤其是在小企业阶段时就可以做。

大部分的企业开发出一两个 IP 形象，浅尝试探后，就不知道该如何进一步发挥了——因为没有想到要与产品及服务充分结合。

如果企业只是将产品当成一个承载功能的物理工具，那么打造出来的产品是没有个性和差异可言的。只有将产品当成内容去打造，才能创造新的商业想象力。

今天的产品设计，需要加上故事性、表情化、人格化、价值观、仪式感、话题性、网红力、设计美学、跨界演绎。

这是企业最根本、最本质要去打造的事物。传统营销虽然开发产品、输出内容，却依赖流量去推广产品和内容，其商业逻辑是向媒体购买流量以获得用户。

而今天的营销则要将产品与内容融为一体。

如果只是把 IP 化当成营销手段，这是从外到内的事，企业会发现，用自己的 IP，其效果还远远不如请明星（其实就是个人 IP）代言或者找外面的知名 IP 联合营销呢，大可不必开发 IP。

产品 IP 化，就是将产品特色变为 IP 角色的特质。

服务 IP 化，就是将服务特色变为 IP 情境的特质。

这些都是从内到外的事，将 IP 当成企业的心智资产去长期经营。

现在的 IP 化更多的是从纯营销的角度提出的，局限性很大，问题不少，尤其是没有从企业内部去看待 IP 化的作用，欠缺了真正的、从内到外的 IP 思维。

什么是真正的 IP 思维呢？简单来说，就是将 IP 的孵化，引入企业的内在发展工作当中。这当中的关键词，一个是孵化不只是营销，另一个是企业的内在发展。

IP 化就像孵蛋，
从内到外才是生命

IP 思维其实和"品牌形象化"不一样，"品牌形象化"只是 IP 化工作的一小部分。

传统的"品牌形象化"有很大局限性。

"品牌形象化"是一个已经有近 80 年历史的营销观念，在印刷媒体为主的时代就已被运用，得到了广告营销界的广泛认可。但是到了现在，"品牌形象化"的局限性非常明显。

很多企业会发现，即使从长期来讲，如果能保持产品的差异化，以及实现产品快速迭代的核心能力，实际上比纯品牌形象打造更能占领市场。

我认为最重要的原因是：<u>产品的定义，随着时代的改变而不同了</u>。在传统时代，产品往往就只是物理属性的；但是<u>在网络时代，产品还有连接属性、社群属性以及情感属性</u>。

举一个最简单的例子：同样两款物理性质差不多的实体产品，随着使用人群和口碑的不同，经过多次迭代后，两款产品会产生从内到外的巨大不同。也就是说，<u>产品的差异化依然继续存在，不会完全同质化</u>。

这就是为什么，仅靠"品牌形象"的差异化是解决不了问题的。取得市场成功的根本，还是要落在产品 / 服务的差异化上，而这个<u>产品 / 服务差异化的过程，需要有 IP 化的参与，而且必须结合产品 / 服务的体验</u>。

很多时候，是<u>产品 / 服务 IP 化成功后，自然上升为品牌价值</u>，而不只是靠"品牌形象化"广告营销去实现品牌价值。

产品 / 服务 IP 化的四种方法

产品 / 服务 IP 化，其实就是企业产品与内容的组合。有哪几种方法呢？

第一种：要有"多巴胺式"产品

其实企业走向 IP 化最直接又能促进销售的方法，就是在保证基本产品的同时，要推出能令人兴奋刺激的、有可能形成网红传播的"多巴胺式"产品。

麦当劳隔一段时间推出的不同口味冰淇淋，就属于"多巴胺式"产品；而经典的汉堡套餐以及薯条、汽水则是为了让你饱腹而存在的。

在优衣库，UT（UNIQLO T-SHIRT，简称 UT）就是"多巴胺式"产品，每一次上新都是一次话题事件，负责刺激消费者的神经，吸引你进入店铺抢购；而其他大量基本产品，则是保证日常的销售。

气味图书馆不只有日常的香水，还不时推出主题香水，尤其是和大白兔联合推出的产品，成为网红产品，吸引了大量自发的流量和消费者。

RIO 鸡尾酒也同样如此，它和英雄墨水联合推出的墨水感鸡尾酒，形成了很强的传播效应。

可口可乐曾推出过语录瓶、联名瓶等，获得了巨大的口碑成功。

乐高除了经典的积木，还会不断推出结合经典 IP 的积木产品，成为一系列爆款。

能经常推出"多巴胺式"产品的企业，往往自己就成了著名的 IP。比如，可口可乐的瓶子就是 IP，乐高玩具本身也成为 IP。

第二种：将产品变成道具，把服务变成仪式

江小白的"表达瓶"其实就是情感和生活的教程，让喝酒成为生活的一种仪式。

当年阿芙精油做得最成功的一点，是将消费者重复购买产品的过程，变成了一系列仪式化的过程。据说一共安排了 18 次购买，消费者每次购买都会有不同的惊喜。

崛起于滑板文化的 Supreme 服饰，也是成功将购买其产品的过程，变成了追寻街头潮流的生活教程，其新产品的推出也极具仪式感。

> Supreme 的产品时常以社会头条事件或者政治讽刺为题设计产品。与 Supreme 常年紧密合作的伙伴可谓多不胜数，每位合作伙伴均是潮流文化当中的佼佼者。像是早几年与泷泽伸介的 Neighborhood 合作的分支，就轰动了整个潮流文化圈子；与耐克更是亲密的合作伙伴，其每次的产品均造成热销；与柯莱特（Colette）的跨界合作也是造就了非一般的话题效果。除此之外还有很多例子。

李宁服装近几年与"国潮"紧密结合，把自己变成了"国潮生活"的仪式化代表。

第三种：打造长期的活动 IP，甚至变成节日

"维密秀"（Victoria's Secret Fashion Show）就是由内衣品牌"维多利亚的秘密"所创造的著名活动 IP。它不仅是一场年度时装表演，还包括与艺人歌手合作进行音乐演出、电视直播等。虽然 2019 年因潮流文化的变迁而停办，但"维密秀"的影响力及标杆意义仍然将十分深远。过去的时尚秀中，

模特所穿戴的巨型天使羽翼，包括蝴蝶、孔雀或恶魔等其他形式的翅膀，已成为维密全球标志性的 IP 文化符号。

"米其林餐厅指南"本来只是米其林轮胎为拉近与其核心消费人群——司机们的关系而制作的，自 1900 年推出以来，经过 100 多年的坚持，如今已经成为全球权威、经典的餐厅评选，是全球食客们的首选美食参考。

"中国国际马戏节"是由珠海的长隆海洋王国创办的、让全球顶尖马戏高手齐聚演出的国际马戏节，推出不到 10 年，已经成为国际上最高水准的马戏活动之一，并为长隆海洋王国带来了大量的游客和品牌声誉。

"双 11"购物狂欢节现在已成为我国国民级的节日，究其根源，"双 11"本来是一个属于单身一族的网络自发 IP 文化概念，淘宝商城最初在 2009 年 11 月 11 日的网络促销活动，就是为了抚慰寂寞孤独的单身一族，后来越做越强，成为超级年度盛会。

早期的"双 11"还在强调这一天是光棍节，
各种广告营销也是针对单身一族做的

第四种：将产品 / 服务比拟为宠物 / 伙伴型 IP 角色

产品 / 服务的 IP 化往往更适合与"宠物 / 伙伴型"IP 角色对接。它们不需要有特别崇高的信念，不需要让人代入自己，能够"为我服务，做得很好"就可以了。

以下是"自我投射型"IP 角色与"宠物 / 伙伴型"IP 角色的差别：

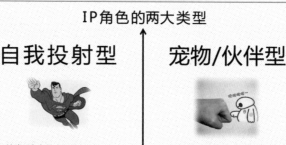

很多人只知道 IP 角色有人格化的第一种类型，而不清楚宠物化的第二种类型。其实，后一种 IP 更容易做，也更容易结合产品 / 服务的功能。

因为"自我投射型"角色需要消费者自我认同、自我投射，是不容易做到的，大部分都只能做到随营销广告活动的力度而起，随营销热度的冷却而消退。

而"宠物 / 伙伴型"角色不需要企业有悠久的历史，也不需要太多哲学、理念、人生观、价值观，只是"我能帮助主人""我能做到什么"，非常容易与产品 / 服务相结合，也容易受到欢迎和喜爱。

总之，让人们通过产品喜爱上能帮助自己的宠物 / 伙伴型 IP，再反过来更喜爱产品，要比让人们认为这个 IP 能代表自己，其实要相对容易得多。反而品牌的 IP 化，实在是没有多大可以让产品功能充分发挥的空间。

产品 / 服务的 IP 角色宠物 / 伙伴化，在国外企业中用得比较多，成功案例也很多。许多著名的国外 IP 化品牌，实际上都是将其用于产品 / 服务的生动化、动漫化、形象化，而实现文化与商业价值的。

比如前文提到过的米其林轮胎人，虽然是拟人化的，但消费者并不会认为代表了自己，而只是代表了产品——轮胎，仍然是典型的"宠物 / 伙伴型"IP

角色。它代表的是轮胎的可靠和稳妥,以及亲切感,自然而然上升为品牌价值。这正是它的过人之处和成功的奥秘。

M&M 巧克力公仔,本质上是将巧克力豆产品进行宠物精灵化,让人既喜爱、想吃,又舍不得吃,但最终还是吃掉。

奔驰汽车将其智能科技以智能关怀熊的 IP 形象展现,本质是技术及服务的 IP 宠物化。

国内的企业为什么很少能做到成功的宠物 / 伙伴型 IP 角色?其实是因为,企业往往将宠物 / 伙伴型 IP 角色和自我投射型 IP 角色混为一谈,所以没有办法做得足够好。

IP 化与 5S 原理

IP 与企业产品 / 服务的结合,其创造方式几乎是无限的。因为每一种产品、每一个服务都不一样,都有自己的特色,自然而然,为创造独特、有趣的 IP 化角色和情境提供了无数可能。

将文创产业的 IP 孵化和养育方法,引入企业的品牌 / 产品 / 服务工作中,首先需要观念的转变,然后是 5S 原理的产品思维运用。需要以下 6 个观念的转变:

1. 只有品牌定位是不够的，　　　　要给IP做情感定位。

2. 只有品牌价值观是不够的，　　　要有IP的世界观设计。

3. 只有品牌形象是不够的，　　　　要做出强大的IP化角色。

4. 只有广告和公关是不够的，　　　要有长期的IP故事内容。

5. 只把品牌当商标是不够的，　　　要当成文化符号去发展。

6. 不要只谈企业文化，　　　　　　要注意与大文化母体结合。

不像内容公司做 IP 是文化人领头做文化，企业做 IP，一定是商业人领头用文化增值，两者的基因差别很大。

与纯内容 IP 不同的是，企业的 IP 化必须得到产品、渠道和商业推广的持续支持，才有可能成功。如果抛开产品和渠道，单指望内容和自媒体自行爆发，那等于商业企业去做内容公司或媒体，基因不对。

较好的企业 IP 化路线，是从情感定位开始，结合企业的各种商业资源，尤其是产品和渠道，进行快、中、慢的合理搭配。

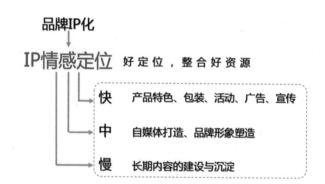

这一过程要做好，需要企业内部有很强的 IP 观念和运作能力。很多企业之所以能做好 IP 化，主要原因是其领导者确实理解了 IP 的价值和运作方式，天然承担了"首席 IP 内容官"的角色。比如，苹果的乔布斯、维珍（Virgin）的理查德·布兰森、特斯拉的马斯克、阿里巴巴的马云、小米的雷军和黎万强、三只松鼠的章燎原、江小白的陶石泉等。

总之，只有深谙如何将 IP 化价值落地的企业，才能够做到：将 IP 价值与企业的经营高度结合，让 IP 价值为产品、营销和品牌源源不断地提供动力，在传播效果上、与消费者的情感联系上、品牌美誉度上，都取得超出竞争对手的成效，而且做得轻松，事半功倍。

并不是所有企业都需要有一个"首席 IP 内容官"，但如果真的想做好企业的 IP 化，能成功运用 IP 的能量提升企业价值，真的需要懂得 IP 价值和运营的人。

 3.2　爆发之道：打造 IP 爆款的四大要素

IP 爆款背后的规律

任何方法都无法确保一个爆款的必然产生，这是文化产品有天然不可测性决定的。

不过，既然本书所研究探索的是如何孵化超级 IP，而不是转瞬即逝的短期 IP，那么仍然是有一些规律可循的。

比如，确实几乎所有超级 IP 的诞生都产生于时代发生拐角式发展后的节点。这是因为，只有发生了拐角式发展，才有可能产生突破之前文化母体的新强大 IP。同时，拐角式发展的头几年，是新超级 IP 的最佳窗口期，随着窗口期逐渐关闭，再往后出现的 IP 的文化影响力，一般都不如之前的。

举一个具有代表性的例子，星际探险型 IP 中著名的、粉丝极多的《星球大战》，正好出现在阿波罗登月计划（1961—1972 年，登月是在 1969 年）带来的时代拐角之后的 10 年之内（1977 年），正好既有沉淀酝酿期，又不是太久。

而星际探险型 IP 中的另一个"大咖"《星际迷航》，尽管是在 1966—1969 年推出第一季，但当时并不是很受欢迎，直到 1980 年才真正开始成为经典。

所以，超级 IP 诞生的时机和发展规律是可以被预知的，只是我们永远不知道具体是哪个 IP。

我们能做的，只能是发现超级 IP 爆发背后的时机和条件，以及未来可能的趋势，这是唯一可能触及的。

IP 爆款诞生的四个必要条件

IP 爆款诞生有四个必要条件：

第一个必要条件是时机。

所有历史进程都可以看成是文化 IP 的迭代过程，尤其是在历史发生转变的节点之后，会出现各种各样的新 IP，这就是时机。

时机是 IP 成为爆款的最重要条件。

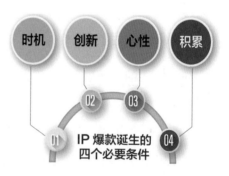

如果说一个 IP 爆款的诞生有至少 90% 的偶然性，那么，恰逢转折性时机的恰当 IP 内容，其成功的可能性会大大提升。

我曾经看到一句话，认为"打造全新 IP 很难，复兴经典 IP 有文化共识的心智优势"。其实这并不全对，在大多数时候，复兴经典 IP 确实会有心智上的便利，但是在新时代的转折点，尤其是新时代具有前所未有的魅力时，创造全新 IP 的成功机会反而更大。

这里的时机是指转折性时机，包括社会文化转变的时机、重大事件发生后的时机、媒体形式变革后的时机等。

社会文化的转变是最容易产生新型文化 IP 的。比如，全球前 50 大 IP

基本都是新兴文化 IP，而其中的大多数，其实都来自两场大规模的社会文化转变：

第一个是 20 世纪 60 年代的民权与人文化运动，兴起了一大批代表潜意识化、个性化情感定位的 IP，后现代文化、摇滚文化、波普文化、源自日本的"卡哇伊"文化，都是自那时风靡全球，并诞生了甲壳虫乐队、Hello Kitty、变形金刚、奥特曼、玛丽莲·梦露、切·格瓦拉、李小龙等一大批超级 IP，以及耐克、苹果、维珍等 IP 化品牌。

第二个是 20 世纪 90 年代随着冷战结束而出现的全球一体化运动，由此兴起了新的一大批既具有古文化特征同时进行了全球化改造的 IP，比如《精灵宝可梦》（皮卡丘）、《哈利·波特》、《魔戒》（《指环王》）、《航海王》、《新世纪福音战士》等。众多超级英雄 IP 虽然历史悠久，但其实都是在这个全球化时代步入巅峰的，以及 Supreme、优衣库、ZARA、H&M、外星人等新品牌。

第二个时代其实就是我们昨天生活的时代，也被称为"娱乐至死"的时代，所以，这个时代全世界最有商业价值的、排名第一的 IP，不是源自内容，而是源自游戏的《精灵宝可梦》。它成为全球最具价值的 IP+ 故事 + 科技 + 生活方式 = 娱乐 / 零售 / 产业的代表。

如今我们正在迎来第二个时代落幕、第三个时代徐徐展开的时机。新的时代开始对全球的完全一体化感到质疑，民族化、自主化的倾向更强，一定会孕育出新型的超级 IP。

重大事件的发生，会让 IP 获得超常的大成功。以上提到过，《星球大战》IP 的巨大成功，与太空时代的争霸开启具有巨大的关联性。另一个具有代表性的例子是《黑客帝国》IP。其实《黑客帝国》背后的极客及赛伯朋克文化已经发展了数十年，但只有当互联网开始遍及世界，才让《黑客帝国》取得了超乎寻常的成功，直到现在依然被奉为启示性的经典。

这几十年是人类出现文明以来媒体变化和迭代最迅速的时期，从电视、报纸、电台、杂志等传统媒体到互联网，而互联网又分为门户时代、BBS 时代、搜索时代、视频平台时代、社交网络时代、移动互联网时代、大数据时代、微博时代、自媒体时代、短视频时代，流媒体时代，后面还会有 5G 时代、VR/AR 时代、人工智能时代、物联网时代等。这些都一直给新型 IP 的诞生带来源源不断的新契机，也使得新营销、新品牌、新产品层出不穷。

媒体迭代过于短暂和频繁，对于新 IP 的孵化来说有好有不好。好的是新 IP 能够快速产生和爆发；不好的是新 IP 的孵化周期太短，缺少时间沉淀出足够的价值，就面临着原有的创作形式被淘汰的窘迫。

媒体快速迭代造成的另一个问题，已经不是快餐化那么简单，而是人们对信息的注意力极度分散化、碎片化。这给 IP 造成了一种双重悖论：一方面，成功的 IP 能跨媒体实现碎片信息的整合以及将人们圈在一起；但另一方面，在这样的传播环境下，IP 其实更难实现大的成功——因为没有足够的时间和聚焦力。

不管怎样，未来 5~10 年，将是我国的超级 IP 崛起的黄金时机，因为同时具有社会文化的转变时机（"国潮"兴起只是国人建立自信文化的第一步）、重大事件的发生时机和新技术新媒体的迸发时机，三大时机同时具备了。

第二个必要条件是创新。

只有时机是不够的，还要求 IP 形式要有创新，以配合新媒体的观赏需要。这既包括内容的创新，也包括技术手段的创新。

《玩具总动员》以及一系列后续皮克斯电影的大红，与它们在动画 3D 技术上的革新，将动画电影的视觉效果提升到前所未有的地步有关。

《阿凡达》的巨大成功，也和卡梅隆"十年磨一剑"，将 IMAX+3D 电影突然带到观众面前、让观众叹为观止有极大关系。

而《西游记之大圣归来》《大鱼海棠》《白蛇：缘起》及《哪吒之魔童降世》

的超级大爆，既与内容的创新有关——将我国经典文化赋予现代情感力，又与画面表现的创新有关——利用新动画技术，将我国传统文化的美表达出新的境界。

创新也不只表现在高新技术，还包括表现形式。比如，伴随抖音、快手等出现的竖屏方式，就给了新 IP 崛起的机会。

一禅小和尚、萌芽熊、僵小鱼等都以新表现在新媒体平台上崛起

内容的创新也非常重要，尤其是通过新旧文化母体元素的全新组合内容，对年轻人有很大的吸引力。《罗小黑战记》的世界观里同时有架空玄幻和现实城市的存在；《非人哉》让古典的各种大神异怪在现代的学校中读书，既贴近生活，又发生了各种意想不到的奇妙故事。

这几年网综节目的创新非常突出，从《奇葩说》《中国有嘻哈》到《乐队的夏天》等，都是将原本一些偏小众的文化，通过综艺式的放大和通俗化，从而变成全民性文化。

简而言之，创新就是新时代的新角色和新表现。

第三个必要条件是心性。

"心性"包括"心"和"性"：心即心灵，就是一个 IP 的情感内核；性即欲念，指的是直逼潜意念的情感。

IP 的情感内核是由位于中心的情感定位、更高层的信念（价值观）和更

195

底层的欲念（贪、嗔、痴、恨、爱、恶）三部分组成的，构成了 IP 的核心能量。

能真正长期发展、超越时代界限的超级 IP，必然有一个强大的情感内核，能源源不断地提供能量和动力，这就是"心性"的力量。

通俗地说，"心性"就是每个 IP 当中，都有一个唐僧和一张肉蒲团。

所以，"心性"是孵化超级 IP 的一个必要条件，而不是所有 IP 的必要条件。

一个 IP 只要能抓住时机，做出创新，就有可能红起来，但不足以在将来发展为超级 IP，它很可能只是拨动了时代的情绪而已。只有真正击中了底层的情感，并实现了情感定位的 IP，才有可能成为超级 IP。

第四个必要条件是积累。

"积累"是产生 IP 爆款的历史条件。也就是说，IP 之所以能成为爆款，其背后一定有某种因素进行了长期积累，然后被某个 IP 抓住，厚积薄发地表现出来。

"积累"可以分为外部因素的积累和创作者内在因素的积累。

"外部积累"指的是：因各种社会原因，导致某种大众情绪一直被压抑，长期无法充分宣泄出来，因而越积累越厚，所以"外部因素"其实还是情感意识，只不过是集体无意识。

一旦遇到社会的某种转变，当积累已久的大众情绪集体无意识被某个 IP 表达出来时，这个 IP 就会一下子成为爆款，并且有很强的持久力。

举一个我自己的例子：我当年为百度所做的"我知道你不知道我知道"古装小短片，通过唐伯虎对不理解中文奥妙的外国人一次次逗趣，最终让外国人"吐血"，然后说出"百度更懂中文"，取得了极大的口碑传颂效应，也在很长时期内确立了百度的 IP 化品牌价值。

《百度更懂中文》短片的背后，有一个长期的、得不到宣泄的情感"积累"，就是自改革开放以来，<u>中国人一方面努力学习西方的长处，另一方面仍然对中文的博大精深充满自豪</u>，这两种因素加在一起，就是百度短片成为爆款的非常必要的历史条件。

我的第一个文创 IP"张小盒"崛起也同样与某种"积累"有关：在"张小盒"出现之前的很长时间里，都市白领被各种广告和报道描述为生活光鲜的、优雅的、自在的，"不是在咖啡馆里，就是在去咖啡馆的路上"，而这一直只是一种包装，大多数的小白领其实都会为生活的各种困境而苦恼，过得并不是那么自在。但这种感受一直无法充分表达出来，日积月累，当有一个上班族漫画"张小盒"突然表达出来时，自然引起了极大的情感共鸣，成为爆款。

上班族漫画"张小盒"，引发情感共鸣

"内在积累"指的是：<u>创作者在自身成长中积蓄了某种日益强烈的情感意识，长期无法宣泄</u>，终于能通过某种创作方式，如影视、绘画、小说、音乐、表情包等表现出来，由于正切中了某种共通的人性潜意识底层，从而取得了巨大的成功，成为爆款。

比如兔斯基的作者王卯卯，在创作兔斯基时只是一个大学生，她就是将自己强烈的个人化情感，以一种在当时非常创新的、简约到极致的表情表现出来，一下子就火了起来，获得了非常多的人的自发喜爱，成为表情中的经典 IP 形象。

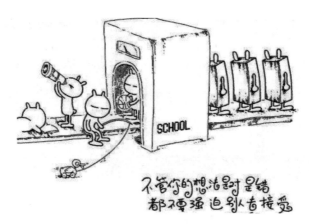

兔斯基是极强的纯自我情感表达

又如阿狸，这只红色小狐狸的成功，可以说完全是创作者 Hans 的精神力量。Hans 不只是画出了一只可爱的小狐狸，背后还有他对"相信童话"的执着，以及构建一个极其优美的童话世界的能力。这当然是 Hans 长期积累的自我情感和创造力的成果。

实际上，"外部积累"和"内在积累"是共同发挥作用的。

一个爆款 IP 的出现，既是外部社会因素的积累爆发，同时也是创作者内在积累的厚积薄发。比如，我创作"张小盒"时，就不仅仅是外部因素，还有自己多年白领工作的体验，使得自我情感一直不满、不足，感觉自己一直活在各种盒子里。这种压抑已久的感受需要某种创作活动爆发出来，因此造就了"张小盒"及其"盒子化世界"。

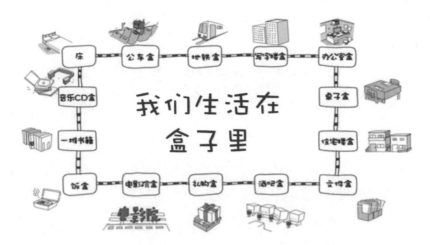

综上所述，时机、创新、心性、积累，是一个有超级 IP 潜质爆款诞生的四大必要条件。由于 IP 的成功始终有很大的不可测性，所以，即使具备了四大条件也不一定能成为爆款，它们是必要的，而非充分的。我再简化为以下两句话：

> 新 IP 爆款需要同时抓住
> 新时代的情感渴求和新技术表现方式。
> 没有足够的情感积累不足以形成爆款，
> 而没有足够强的心性不足以发展为超级 IP。

最后，请记住，要成为未来的 IP 爆款，需要把握住"国潮"、新全球化、新媒体、新影视、新人类和 5G 等新技术的未来趋势。

3.3 成长之道：通往超级 IP 的三大进阶

超级 IP 的三大进阶过程

当我们在定义超级 IP 时，其实定义的是 IP 的孵蛋式过程：从起源到结果，从内容到符号，从单一行业到多行业跨界……

因此，正如我在本书第一部分所言，超级 IP 的定义是：

> IP 的初级阶段是知识产权，
> 高级阶段是超级文化符号。

这才能将 IP 的定义完整涵盖：一部文艺作品不管多么畅销，仍然处于 IP 初级阶段，只有当提炼出被广泛共识和喜爱的文化符号，能跨界、泛产业化，IP 才能升级到高级阶段。

同理，条条大路通 IP，品牌、产品、文旅体育、个人形象、设计师或艺术家作品，都有可能发展为文化符号，甚至强大到成为超级文化符号。因为 IP 的本义就是知识产权，所以凡是有知识产权归属的观念、图形、内容、品牌甚至个人，其实都是 IP。

一个 IP 就像一条河流，大部分会消失或汇入更大的河流，只有少数 IP 能发展壮大。在 IP 发展的过程中，每一阶段，IP 都需要补充新的价值。其早期因弱小而险峻，中期因舒缓而容易淤塞，后期也需要足够开阔的地带，只有不断吸纳创新，才有可能形成跨产业的大生态体系，成为超级 IP。

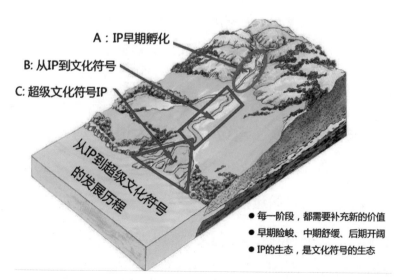

A：IP早期孵化
B：从IP到文化符号
C：超级文化符号IP

从IP到超级文化符号
的发展历程

● 每一阶段，都需要补充新的价值
● 早期险峻、中期舒缓、后期开阔
● IP的生态，是文化符号的生态

我将 IP 发展到超级 IP 的过程，分为以下三个阶段：

第一个阶段是从 0 到 1，第二个阶段是从 1 到 10，第三个阶段是从 10 到 100。

1. IP 的低阶阶段：不急功近利的孵化孕育

初始 IP 的孵化总是充满了不可知性和偶然性，而对于开发者来说，最重要的心态是：不急功近利，去找到能真正突破的 IP。这需要有足够的耐心和一双慧眼，而且要经过多次尝试和反复打磨。

在这当中，时机、创新、心性、积累四个条件非常重要。时机如同天时，积累如同地利，心性如同人和，在天时、地利、人和都具备的情况下，还需要有创新的方式。

IP发展的三个阶段

从0到1 不急功近利的孵化孕育 | 从1到10 产品化 设计化 社群化 | 从10到100 品牌化 生态化

当 IP 通过形象、故事 / 内容、产品等完成自我塑造，受到欢迎和认可，形成足够的共识后，就意味着完成了第一阶段。这个阶段一定不能急功近利，需要让 IP 有足够的时间，逐渐孕育出来。

我国的大多数 IP 难以发展的原因，就是在这一阶段做得太浅薄了：要么是形象不够打动人，要么是故事 / 内容不够好，要么是世界观有大缺陷，要么是 IP 化的符号设计不过关，要么是对文化母体不够尊重，又或者过于保守拘束、不够创新……所有这些不足，都会对 IP 的后续发展造成极大的困难，导致后劲不足。

我越来越发现，一个 IP 能否真正成功，90% 取决于第一阶段，所以，IP 的基因设计极为重要。

2. IP 的中阶发展：产品化、设计化和社群化

当 IP 的基础确定和稳定下来，就进入 IP 发展的第二阶段，在这一阶段，IP 可以进入授权产品化、设计化和社群化。

这一阶段对于文创 IP 来说，是改编影视或游戏、进入衍生产品授权的阶段，当然，对于形象力、情感力特别强的 IP 来说，不需要进入影视也能完成第一阶段；而对于非文创 IP 来说，这个阶段就是要取得产品的成功。

产品化是这一阶段非常关键的工作。产品是指实体产品，而不是内容。

设计化是指为开发出产品，一定要做好符号化设计，产品才能真正受欢迎。

社群化是指这一阶段可以形成 IP 亚文化和 IP 社群了。不过，这里要提醒一点：成功 IP 一定需要强运营，但不一定要运营粉丝社群。成功 IP 的强运营能力，主要应该体现在产品化能力、授权能力以及宣传推广能力。

绝大多数超级 IP 都没有刻意去建立自己的社群，而是专注于做好内容和产品。社群是核心竞争力的体现，而不一定真的要去管理，除非是这种情况：销售产品的渠道和社群紧密相关，否则，没必要刻意自己做社群。

最关键的还是产品化。我近两年越来越明确：内容 IP，在内容初步成功后，最好能依靠核心主产业主力前进，而不只是泛泛地授权，后者往往不持久。

反观全球前 50 大 IP，绝大多数都有 1~2 两个核心产业，不是短线授权，甚至是品牌就是 IP，能源源不断地销售产品、推出新产品。

有核心主产业的好处，是主产业的成功能够反哺 IP 的能量增长，而不只是消耗。

比如，变形金刚、高达主要靠玩具，《精灵宝可梦》《北斗神拳》等主要靠游戏，迪士尼在 20 世纪 50 年代就推出了主题公园（那时大多数迪士尼 IP 还没有开发出来），对迪士尼的 IP 生态体系帮助极大。

最容易发现这一规则的，是皮克斯的众多作品中，只有《玩具总动员》和《赛车总动员》这两部能进入全球前 50 大 IP 榜单，就是因为这两部作品的玩具产品属性最强，能让 IP 充分依托于一个主要行业。

下图是我梳理的最可能做强 IP 的六大聚焦产业，包括游戏、玩具、主题空间（含乐园）、教育服务、日用品（含服饰）、快速消费品（含食品餐饮）等，可以帮助 IP 长期做大做强。

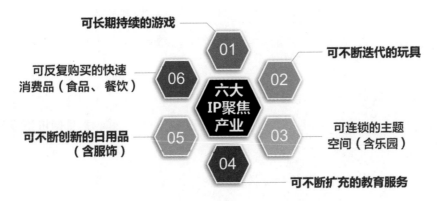

这六大产业的共同特征是高体验感、高频次和高心理附加值。其中，前 3 个更具有娱乐性，这在全球前 50 大 IP 榜单中能看得很清楚；而后 3 个更具有实用性，相对隐蔽，却更深入人们的生活。

3. IP 的高阶运营：品牌化和生态化

这个阶段的 IP 就不仅仅是被授权的 IP 了，一定是在某些行业形成了强大的品牌。这个品牌就是 IP 的名字或形象，而且已经进入了充分的生态化运作。

迪士尼的 IP 宇宙，是以迪士尼为母品牌，不断发展和创新 IP 来支撑的，并因此形成了从内容到主题乐园、媒体、产品的巨大生态体系。而其中一些足够强大的 IP，比如米老鼠，可以独立授权成为品牌，但更多的还是以迪士尼作为品牌。迪士尼也在构建品牌矩阵，或者叫 IP 宇宙矩阵，因为它还收购了漫威、《星球大战》等独立的 IP。

而 Hello Kitty 则完全靠一个主体形象，形成品牌化和生态化。这是因为，Hello Kitty 是极其少有的超魅力形象，全球能够达到这一级别的 IP 也只有寥寥数个。

超魅力形象 IP 能无须内容和太多积累，直接击中人心最底层，直接激发潜意识情感,是依靠超级强大的"情感定位"做到的。超魅力形象能直接实现长期跨界跨产业。

但是,超魅力形象可遇不可求,即使是很多广受欢迎的形象,其生命周期也未必持久。要过几年才能确认,这个 IP 形象有没有达到真正超魅力的地步。

因此,最实在的做法是:在内容和形象崛起后,及时找到能长期发展的产业进行聚焦,至少先将一个行业做好、做深,才能确保 IP 长期可持续地向上发展。

IP 的内容影响力总会有所下降,但同时,核心产业的商业力却随着产品系统化和渠道的增强,在不断向上发展。所以,有核心产业,能有效、长期地支撑 IP 发展为超级 IP,甚至能在全球 IP 排行榜上占据一席之地。

当进入超级 IP 后,就能成为一个大生态体系,支撑众多行业的 IP 授权,见下图。

超级IP的跨产业发展类别

IP 发展的三个阶段是从产业发展角度衡量的,不是每个 IP 都能成为超级 IP,但是,只要是一个不错的 IP,有好看的内容,有一个核心行业做长期支撑,至少是一个能成功的 IP。

让我们再回到 IP 的情感本质,看待 IP 的三个阶段:

孵化IP的情感发展三步骤:

种子期: **发芽期:**   **成长期:**

深层次情感定位   **浅层次情绪爆破**   **构建IP自我情感**

这是在本书第一部分出现过的图,从情感角度看 IP 的成长:在 IP 的种子期,一定要奠基强有力的深层次情感定位;在发芽期,通过抓住社会的浅层次情绪爆破,形成 IP 爆款;在成长期,通过不断打磨、完善、强化,像构建一个生命一样,构建 IP 的自我情感。

IP 情感发展三步骤的第一和第二阶段都处在 IP 产业化的第一阶段(从 0 到 1),情感发展的第三阶段其实在产业化的第二阶段(从 1 到 10),到产业化的第三阶段(从 10 到 100)时,IP 的情感构建已然成熟。

再红的 IP,都会有春、夏、秋、冬

不少描述 IP 发展过程的文章,对 IP 的发展和成功理解得有些轻率了,仿佛 IP 只需要经过培育、爆发、价值长期变现这一简单过程。其实 IP 孵化成功远远没这么容易。

> 1. 孵化 IP,有需要忍耐的煎熬期。
> 2.IP 需要周期性创新,注入新的活力。

从自己的亲身 IP 实践经验,到对各种成功 IP 的观察,我认为 IP 就像一个生命体,不只有孕育成长期、爆发期、收获期,其实还有消退和枯槁期,如同一株生命之树,必然要经过大自然的春、夏、秋、冬。见下图:

IP 的生命体发展，会经过的春、夏、秋、冬分别是：

春：在 IP 的萌发到爆发之间，最好是经过符号化的设计，否则无法在爆发期后享受到足够的价值变现。

夏：在 IP 价值的第一波变现时，已经可以符号化跨产业。（其实 IP 的价值变现未必要等很长的时间，反而与内容的特色和符号性是否强有很大关系。）

秋：花无百日红，一个 IP 总会进入消退和枯槁期，这时 IP 必须蛰伏和休养生息，等待新的机遇来临。这也是修炼内功、酝酿新价值的时候。

冬：等到新的时机来临，通过新的创造、注入新的价值，IP 才会迎来新的春天，实现新一轮发展。

IP 文化本身就是生命体，春、夏、秋、冬……又一春是 IP 必然要经历的过程，所以，冬天的来临对 IP 来说是不可避免的，只是不同的 IP 消退程度不一样。不经过一两次消退和枯槁期，不经历数次的新价值再造，IP 是不可能发展为超级文化符号的。

IP 还需要"破圈"和"文化扩散"

在这里，我还想特别谈谈 IP 亚文化、社群和 IP 可持续发展的关系。

的确，很多不错的 IP 都能聚积起自己的粉丝、社群，以及有自己的亚文化，但问题是，很多 IP 满足于自己的小众粉丝圈，这个 IP 就会逐渐变成一小群人的自娱自乐，并将圈外人逐步排除出去，然后，这个 IP 就很有可能逐渐萎缩。

我见过不少 IP，之所以会陷入困境，进入发展的冬天，就是与 IP 文化过于封闭有关。冬天总是会来的，但过于封闭，会让冬天更加寒冷。

一个过于封闭的 IP 亚文化会遇到严重的发展瓶颈问题。

真正强大的 IP 一定是"小众狂欢，大众围观"。

如果只是"小众狂欢"而没有"大众围观"，社会共识不足，就很容易随着社会潮流的变化而消散。

一个 IP 的圈层关系是这样的：
内壁里面是核心粉丝，中间夹心层
是普通观众，外壁是大众围观者。
查看一个 IP 的影响力和未来潜力，
光是看内壁里的核心粉丝是不够的，
加上普通观众也是不够的，还要看
到大众围观者。

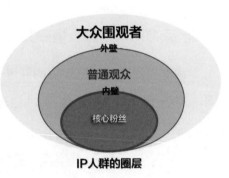

IP人群的圈层

任何强大的 IP 文化，都是由核心粉丝、普通观众和大众围观者三个圈层构成的。一个能发展成功的 IP，不只要有核心圈层，还要有"破圈"的能力；不只要有小部分人的狂欢，还要有更多的围观互动；不只要有亚文化，还要连接大众文化。

这需要 IP 能够"破圈"和"扩散"。

怎样才能做到呢？这要求 IP 的核心基因要有"破圈"力，也就是情感内核和定位，要更加普适、人性化；IP 的亚文化也要有扩散力，要找到和大众文化的贯通点。

情感力和文化扩散力，是 IP 实力的真正指标。我将在 3.4 节专门讲述这两点的价值。

3.4 成功之道：超级 IP 实力两大指数

在阐述了 IP 孵化的各种原则和方法后，现在来讲一讲 IP 的评估方式。

如何评估一个 IP 的成长潜力？什么样的 IP 更有可能成为超级 IP？

现在的 IP 评估，基本以流量数据为主，不是软实力评估。而偏偏，IP 的本质是软实力，是文化，是心理。所以，流量数据能体现的只是现状和过去，无法真正评估出 IP 的未来。

真正能评估出 IP 实力的，应该是这两大指数：情感共鸣度与文化共识度。

IP 实力两大指数：情感共鸣度与文化共识度

情感共鸣度包括情感定位的深度、情感的温度以及共振的和谐度，在本书第一部分有详细介绍，也与 5S 原理中的情感内核、IP 角色和人的情感关系息息相关。

文化共识度包括 IP 背后文化母体的广度和强度以及 IP 自身的亚文化影响力，与 5S 原理中与文化母体、世界观、文化符号设计息息相关。

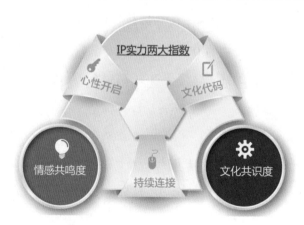

我们完全可以将 IP 的成长，视为情感共鸣度和文化共识度指数的增长。IP 赋能的能，是情感能 + 文化能。

消费者心性的开启，需要 IP 的情感能。
消费者对 IP 的共识，需要 IP 的文化能。
而如何实现品牌 /IP 与消费者的持续连接，
需要情感能和文化能的不断注入。

怎样进行 IP 实力评估？

一个 IP 的实力是能够通过"质化调查"发现的，而不仅仅是"数据统计"。

下图是将 IP 孵化的 5S 原理转化为一张简洁明了的"IP 的精神文化系统"图，可以更直观地展示一个 IP 的精神文化系统，并进行 IP 价值的质化调查。

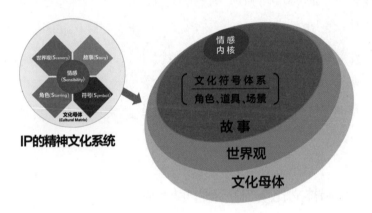

在这张图中，"文化母体""世界观""文化符号体系"是 IP 的文化共识度部分；而"情感内核""角色、道具、场景""故事"是 IP 的情感共鸣度部分。

用这张图去衡量不同的 IP，就能清晰地看到 IP 在不同方面的强度、各种类别 IP 的优势和劣势，以及 IP 在未来能应用到哪些行业。

比如，情感内核强的 IP，更容易成为品牌化 IP；而情感内核 + 文化母体都强的 IP，即使故事不强，衍生商品力也会很强，而故事很强但情感内核和角色不强的 IP，更容易只是内容畅销的 IP，而不是跨界能力强的 IP。

又如，文化母体决定了 IP 的影响力边界。文化母体和世界观都很强的

IP，比较容易形成 IP 亚文化；而世界观和故事很强的 IP，容易开发大型游戏和主题乐园。

再如，故事其实是文化共识度和情感共鸣度的交织点，所以好的故事对 IP 非常重要，但同时，只有好的故事是不够的，尤其是当文化符号体系不强时，故事很难发展为超级文化符号（超级 IP）。

IP 发展为超级 IP，由于最终的表现方式是文化符号体系，所以，<u>文化符号体系（角色、道具、场景）既是情感共鸣度的表现，又是文化共识度的表现</u>。

为什么同样是受欢迎的 IP，有些能大获成功，有些却总是做不大？

要么是这个 IP 的情感共鸣度不够深，可能太受时代和区域的社会化情绪局限了；要么是这个 IP 的文化共识度有天花板，范围太小，难以突破。

归根结底是因为，在情感和文化交织的"文化符号体系"上力度不够强，比如角色、道具、场景没有真正建立起来，或者是欠缺了文化符号体系。

用"IP 精神文化系统"评估 IP 案例

下面，我用"IP 的精神文化系统"图评估几个具有代表性的 IP，其中既有纯内容型的国产 IP、其他国内国外 IP，也有非内容型的 IP 化品牌，如江小白。

首先看看《哪吒之魔童降世》（以下简称新版哪吒）：

首先从文化母体说起：新版哪吒背靠的文化母体是《封神演义》以及家喻户晓的哪吒，这对其能大获成功极为关键。因为文化母体的人群共识度，往往决定了作品的大众化边界。

正如我国的真人大片是从张艺谋的《英雄》、吴宇森的《赤壁》等开始的，我国动画电影的大崛起，自然也会率先从来自我国的经典神话、故事传说或经典文化 IP 开始。这就是文化母体的力量。

新版哪吒背后不仅仅是古代的封神，还有新时代青少年的文化新潮，二次元及新人类文化是另一层文化母体，它决定了新版哪吒的时尚气质和青春力量，尤其是视觉美学、人物形象是现代新动漫文化。

所以，新版哪吒的文化母体是"双黄蛋"：经典的封神文化＋新时代二次元年轻文化，通过新、旧两大文化母体的交融汇合的"旧瓶装新酒"，既让传统的人看到了传统，也让新人类看到了新价值。

再看世界观设定：新版哪吒是在封神宇宙上的新世界观、新情境。

一方面，新版哪吒保留了很多《封神演义》的元设定，特别是保留了我国文化中的"神仙—人—妖兽三层尊卑式角色观"，并由此带来了整个世界的三重景观：

神仙界（天上、虚空）

人界（陈塘关、海边）

妖兽界（海底、暗黑）

|

三层壁垒分明的世界观

我国传统中，人对妖兽的恐惧、对神仙的敬畏，妖兽对成为神仙的向往和努力，神对妖和人的规训和控制，都完整地保留下来，由于观众对这套世界观逻辑是非常熟悉、深印于心的、所以接受起来毫不费力，极大地降低了观众的认知成本。

但同时，新版哪吒在世界观价值上进行了颠覆和重构。最关键的颠覆是，将原《封神演义》故事中神仙与人共同对抗妖魔鬼怪的、善恶两极黑白分明的简单正邪对抗，变成了正中有邪、邪中有正的双生相伴式观念。每个人

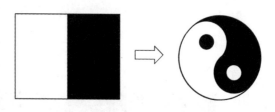

从非黑即白，到正中有邪、邪中有正、相互转化

都有阴暗的一面，也有向善的一面，关键是如何引导和成长。

这让故事的母题从正邪对抗，变成了"如何对抗宿命"，更能让现代人产生情感共鸣。

随着母题改变，故事的主角不只是成就超能力，更重要的是如何对抗偏见，对抗既定的命运，并在友情、亲情等真爱的帮助下，完成自我的提升；而故事中的导师（从师父到父母）也不只是教授法术，更重要的是教授如何成长，如何发现自我中的良知。

通过对传统世界观价值的突破，新版哪吒创造出新的世界观和新的情境，一改过往中国电影，特别是动画电影在世界观设计上的粗糙、幼稚和不上心。

在新的世界观和情境下，所有人物关系和角色特质都被重组——原本贪得无厌的龙王成了被困守水底的悲情角色，原本仙风道骨的太乙真人成了一口川普、满身缺点的胖子，原本正经古板的李靖成了敢于牺牲自己的慈父，原本毫无存在感的殷夫人成了英武女侠。

最大的改变当然是主角：由于灵珠和魔丸的错位，哪吒变丑了，变成魔童，而原本为非作歹的龙太子敖丙成为哪吒的双生体和超级帅哥。

有些人觉得这么一改，削弱了原本哪吒的叛逆性，我也觉得放弃哪吒的削肉剔骨有些可惜（小时候印象最深就是这点）。但这里不改变就没法突破了，而且，平心而论，"反抗宿命"确实比"反抗父权"更为深刻和本质。

情感内核是内容的灵魂，是让一部作品在观众心中打下情感定位的轴心。情感内核要与世界观、故事线高度统一才能强大，而它越强有力，观众就越容易被打动，与作品的精神联系就越持久。

新版哪吒的情感内核，就是"反抗宿命"这一主题，而去打破世界的本来规则，就是本片的故事线，与世界观高度统一起来。

而这一反抗的过程及最后的成功，都与爱（亲情、友情）的作用息息相关：尽管哪吒在成长过程中魔性尽显，但父母的慈爱使他始终良心未泯；而当哪吒备感迷惘时，来自敖丙的友情给了他自信和改变的动力。

白龙帅哥敖丙其实是另一个反抗宿命的角色，他必须摆脱自己与生俱来的龙族妖魔化命运，但又因爱而不忍下手，最终通过付出和牺牲，成就了自己。

而故事中的其他角色，从哪吒的父母到申公豹、龙王等，无一不是在努力抗命。

全片始终紧紧扣住"反抗宿命"这一情感内核，一切孽事因此而生，而通过爱的力量不断对抗，最终以重生复活的方式，让爱获得成功。

所以说，新版哪吒极具有现代意识。

再看看新版哪吒的文化符号体系（角色、道具、场景）是如何具有符号和文化感的。

新版哪吒的最大创新，是将哪吒与龙太子敖丙进行了"双生一体"的设计——哪吒与敖丙是混元珠炼化而成的魔丸／灵珠双位一体的各自化身，哪吒是邪中含正，敖丙是正中含邪，这两人就像是一对升级版的小鱼儿与花无缺。

为了强化这一点，两人是非常鲜明的色彩与材质的对立，见下图。

不仅如此，两人额头上的印记也是一体分拆的太极式图案，可以合为一体。

千万别小看了这对印记，这意味着：在将来 IP 衍生产品时，不仅仅是人物形象可以用来进行衍生，还可以直接简化为印记符号进行衍生，极大地增加了制作周边产品的方便性。

还有一点，极少有动漫角色能同时兼顾家庭／儿童市场和青少年市场，而哪吒通过两种年龄状态同时做到了——既是魔童，又是热血少年。

新版哪吒的道具也非常具有符号性，比如乾坤圈，在这部电影中有非常特殊而重要的作用。

一方面，乾坤圈是一种类似紧箍咒的禁锢装置，这一来源于《西游记》的设定，很为我国观众所熟知；另一方面，它的作用又远不止如此。在片尾，哪吒可以摆脱乾坤圈时，他突然意识到，没有了乾坤圈，会让自己失去控制，魔性大发，于是，他将乾坤圈变小，转为套在手上。这其实象征着主角的自我成长与认知，知道如何控制曾经禁锢过自己的东西。他的选择不是抛弃它，而是变小和使用它，从而完善了自我。这一转变非常有意思，也极具中国文化特色。

影片中的风火轮也玩出了新意——同时是小猪形态的坐骑。这一设定极具创意，也极大地开拓了道具的可延展力，并让道具产生了自我意识。尤其是在影片高潮时，风火轮主动变回小猪，给主人播放了在虚空之门长生云告诉李靖破除天劫咒的办法。

山河社稷图也是一大亮点。原本在小说《封神演义》中，它是女娲授予杨戬收服恶怪袁洪的宝物；而在电影中，它发挥了更大的作用，成为哪吒练功的场所，有无数变化。

电影中的山河社稷图让观众觉得是一个游戏程序，正如《黑客帝国》中尼奥（Neo）练功时进入的虚拟程序一样，非常容易被观众接受并报以会心微笑，又与我国传统的想象力充分结合。而且出现了各种类似云霄飞车、撞击弹珠等经典的游戏，还可任意变化，未来可以成为娱乐化主题乐园的主力。

新版哪吒中的其他角色也很有符号创新性，从太乙真人、申公豹、龙王、水怪到李靖夫妇、村民等，都一改过往故事中的刻板形象，非常生动和充满现代感。

特别值得一提的，是片中一对非常出彩的小配角：结界守卫。相信很多人都对这对搞笑角色印象深刻，其实它们大有来头：它们的原型是四川三星堆出土文物中的青铜像，恰好与商朝同期，是璀璨古文明的遗存。

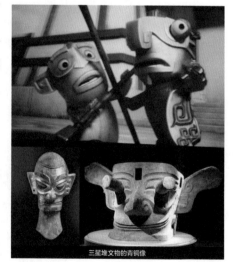

三星堆文物的青铜像

此外，影片中反复出现的莲花和哪吒的关系非常紧密，暗示哪吒虽是魔丸，但最终将摆脱魔障。

还有天劫咒，出现的八卦符号是震卦，代表雷，所以天劫咒的效果是引天雷劈人。而"天雷"这一意象在全世界各种文化的神话中，都代表着最高级的神力。比如，希腊神话的主神宙斯其实是雷神，他的最强武器就是施放雷电；而北欧神话中的主神托尔也是雷神，以用锤子释放雷电著称。

而片中的主要场景陈塘关及海边，是典型的中国传统小城与"魔戒式"场景的结合，既有东方的现实生活感，又有魔幻的特征。

总之，新版哪吒从头到尾，是一套完整的文化符号体系，体现了中国电影在世界观和文化符号设计上的成熟，既继承了多个经典文化母体，又创造出独特的情境，故事和人物都很丰满，而超级 IP 所必需的文化符号系统也创建得非常丰富，这将让 IP 在未来的全产业化扩张中，体现出强大的威力。

在新版哪吒 IP 的精神文化系统总结中，可以清楚地看到其价值的能量和未来巨大的潜力，如下所示。

	《哪吒之魔童降世》的精神文化系统
文化母体	"双黄蛋"：(封神文化、哪吒故事) + (二次元、新人类文化)
世界观	经典世界观：神仙-人-妖魔 新情境（价值观）：反抗天命、邪能转正
情感内核	"我命由我不由天！" + 爱(亲情、友情)
故事	魔丸与灵珠的反抗宿命的成长故事

文化符号体系	角色	主角：哪吒（魔丸）与敖丙（灵珠）的双生一体 导师：太乙真人、申公豹 ｜ 父母：李靖（父）、殷夫人（母）、龙王 其他：陈塘关百姓（人）、海夜叉（妖）、元始天尊、长生云、结界守卫（仙）等
	道具	哪吒：乾坤圈、混天绫、火尖枪、风火轮 ｜ 敖丙：万龙甲 太乙真人：拂尘、飞天猪 ｜ 指点江山笔、混元珠等
	场景	山河社稷图、仙界、人界、魔界（海底）

不只是新版哪吒，几乎所有 IP，都可以用结合情感共鸣度和文化共识度的"IP 精神文化系统"图描述出来，其优势和劣势、成功和不足都会一目了然。

以下描述了《星球大战》IP 的精神文化系统：

《星球大战》的精神文化系统		
文化母体		太空科幻文化 + 中世纪骑士文化 + 古罗马文化
世界观		宇宙中既有银河帝国（原共和国），也有众多小星球文化 绝地武士 VS 黑武士
情感内核		"原力与我同在！" + 正邪对抗
故 事		绝地武士与正义力量，对抗银河帝国的邪恶力量
文化符号体系	角色	绝地武士们 黑武士们 机器人 公主、舰长、帝国元首、怪物、暴风兵等，各种星际间怪异的人和生物等
	道具	激光剑、骑士及黑武士的服装、星际飞船、大型武器等
	场景	各种不同景象的瑰丽星球、战斗基地等

以下描述了潮玩 IP 平台泡泡玛特的精神文化系统：

泡泡玛特（POP MART）的精神文化系统		
文化母体		潮玩文化 + 手办文化 + 年轻人文化
世界观		现代年轻人的生活中需要有一个保持童心、幻想的世界
情感内核		零售娱乐化，用IP满足情感，带来快乐和惊喜 （泡泡玛特创始人王宁的话）
故 事		消费者与公仔的故事，各种套装Cosplay
文化符号体系	角色	Molly、Pucky、Labubu等众多潮玩公仔IP
	道具	盲盒、公仔、玩具等
	场景	泡泡玛特商店、机器人零售机、闲置物品交换网站、社区、个人收集架

泡泡玛特其实是在做着"潮玩迪士尼"的事情，以"盲盒"为突破口，搭建以 IP 为中心的舞台，其背后有鲜明的价值观、文化母体以及 IP 规划。

以下描述了 IP 化品牌江小白的精神文化系统：

	江小白的精神文化系统
文化母体	现代年轻人文化 + 白酒文化
世界观	都市、孤独的生活
情感内核	我是江小白，生活很简单（孤独的、寻找真挚情感的）
故 事	江小白的语录、生活、参加的活动
文化符号体系 角色	江小白（虚拟人物）与众多年轻人
文化符号体系 道具	江小白的"表达瓶"
文化符号体系 场景	年轻人的餐桌、小酒馆、夜场、酒吧等

并不是所有的 IP 的文化系统都很复杂，江小白作为一个 IP 化品牌，只需要简洁的世界观和情感内核、简单的角色就可以实现，关键是"表达瓶"道具和场景是丰富的。

简而言之，就是以江小白虚拟 IP 角色和"表达瓶"，去完成"小聚、小饮、小时刻、小心情"的场景解决方案，实现与消费者在"小我、孤独、自知之明、小勇敢"上的情感共振。

IP 思维决定 IP 实力

综上所述，一个 IP 的实力，主要取决于情感共鸣度和文化共识度。

在情感共鸣度和文化共识度的背后，是一个 IP 的真正力量所在。所以，无论是做内容 IP，还是做企业的 IP 化，IP 的开发应该紧紧围绕这两点进行。

这就是 IP 思维。一个 IP 能否日益强大，超级 IP 能否孵化成功，取决于情感力、世界观体系的搭建力以及文化母体融合的魅力。

内容 IP 的目标，最终是建立自己的文化价值，实现情感的锚定和文化的扩散。

企业的 IP 化，是为了与消费者建立情感联系和文化共识，从消费者的角度来说，是情感表达和集体无意识的文化满足。

只有将企业的 IP 化当成产品／服务的属性来做，IP 化才能成为企业新商业的核心要素，真正的 IP 化品牌才能够实现。所以，IP 化和赋能的过程，绝不是单纯的营销活动，也不能游离于产品／服务之外，而是 IP 能量附载在产品／服务上，成为 IP 式体验。

总而言之，孵化 IP，一定要紧紧扣住情感共鸣度和文化共识度这两个指数的增长，打造情感力＋文化力的产品。IP 思维就是产品思维，决定了 IP 的最终实力。

小 结

超级 IP 的成功，是产品思维的厚积薄发

（1）IP 化就像孵蛋，从内到外，破壳而出的是生命，从外到内只是短期营销，所以，要用产品思维来孵化 IP。

（2）超级 IP 爆款诞生所需要的四大条件：时机、创新、心性和积累。

（3）超级 IP 的三大进阶过程；从 0 到 1 是不急功近利的孵化孕育；从 1 到 10 是产品化、设计化和社群化；从 10 到 100 是品牌化和生态化。

（4）全球前 50 大 IP，绝大多数都有 1~2 个核心产业，好处是主产业的持续成功能反哺 IP 的能量增长，而不只是消耗。

（5）再红的 IP，都会有春、夏、秋、冬，会有消退期，不是简单的线性增长。所以，IP 需要周期性创新，注入新的活力。

（6）IP 不能只有自己的圈层和亚文化，还要能"破圈"和"扩散"，真正强大的 IP 是"小众狂欢，大众围观"。

（7）评估 IP 实力的两大指数是情感的共鸣度和文化的共识度。IP 赋能的能，就是情感能 + 文化能。

（8）每个 IP 都有一个"精神文化系统"，通过这个系统，IP 的优势和劣势、成功和不足都会一目了然。

（9）IP 化作品的本质：应该是一个主题公园，前期设计极为重要。

（10）企业的 IP 化，要与产品紧密结合。只有将企业的 IP 化当成产品 / 服务的属性来做，IP 化才能成为企业新商业的核心要素，真正的 IP 赋能才能够实现。

总之，真正的 IP 思维是产品思维，而不是"爆米花式"快餐思维，也不是传统故事创作的文艺思维，其目标是打造情感力 + 文化力的产品。

总结部分

超级 IP 孵化的知识图谱

超级IP
孵化原理

本书最重要的一项工作，就是将 IP 孵化的各个重点，都已浓缩为一张张的思维方法图表，让每个人都能轻松运用，直接抓住要害。下面是全书所有重要的思维图表的汇总。

【导入部分】

"IP 思维图 01" 知识产权所涵盖的基本领域

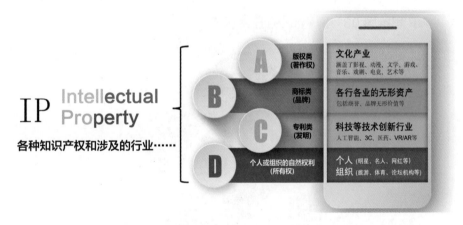

IP 的本质是无形资产的产权与收益权。各种不同产业开始形成一种共识——IP 是任何有文化沉淀价值的、有商业持续开发能力的无形资产，孵化IP 要用真正的 IP 思维。本书的宗旨，就是在泛 IP 时代，重新定义超级 IP，寻找孵化的方法论。

"IP 思维图 02" 超级 IP 是超级文化符号

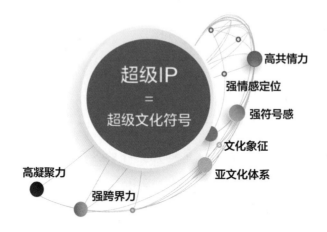

IP 的初级阶段是知识产权，高级阶段是超级文化符号。超级文化符号的标准包括：高共情力、强情感定位等情感部分；强符号感、文化象征、亚文化体系等文化元素部分；强跨界力、高凝聚力等运营部分。

"IP 思维图 03" 孵化 IP 的五大领域

在泛 IP 时代，各种行业都能孵化文化 IP，包括文娱内容、企业及组织机构、文旅体育、个人、设计师或艺术家五大领域。

"IP 思维图 04"内容派 IP 与形象派 IP

内容派IP	形象派IP
动漫为主：迪士尼 / 皮克斯系列、哆啦 A 梦、龙珠、航海王等	企业 IP：M&M、米其林、麦当劳叔叔、多摩君、苏斯博士等
影视为主：哈利·波特、星球大战、魔戒、奥特曼、007、侏罗纪公园等	文旅 IP：故宫、熊本熊、大英博物馆、奥运吉祥物、NBA、著名俱乐部等
游戏为主：精灵宝可梦、超级马里奥、魔兽、使命召唤、最终幻想等	个人 IP：切·格瓦拉、玛丽莲·梦露、詹姆斯·迪恩虚拟：初音未来、Smiley、兔斯基等
综合：漫威、DC、变形金刚、高达、福音战士、美少女战士等	设计 IP：Hello Kitty、芭比娃娃、BAPE、乐高小人、KAWS、Molly 等

这五大领域的 IP 孵化又可以分为两类：内容派与形象派。前者主要是文创和娱乐行业，通过创造内容来打造 IP；后者是各种非文娱行业，通过创造形象符号来打造 IP。

"IP 思维图 05"八种超级 IP 的孵化模式

八种超级 IP 的孵化模式

	内容主导	商品主导
单一主控	迪士尼模式	米其林模式 乐高模式
	变形金刚模式	
合作众包	（日本）制作委员会模式	Hello Kitty模式 吉祥物模式 故宫模式

这八种 IP 孵化模式，按照单一主控或合作众包、内容主导或商品主导四个象限——放入。不同的产业模式决定了 IP 的使命和发展路径。

【第一部分】

"IP 思维图 06"人性意识分层图

在人性意识中，最顶部是社会化理智，然后进入水下，从浅到深分别是情绪、情感、情结（潜意识），最底部是集体无意识，共同构成了人性意识。

"IP 思维图 07"品牌定位和 IP 定位

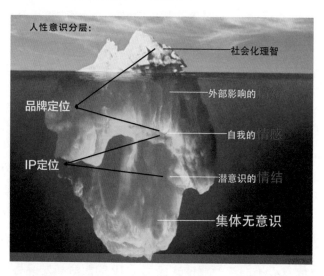

成功的 IP 和成功的品牌一样，都有定位、都是对人性心智空缺的占

位。不同之处在于：品牌入脑，IP 走心，品牌定位更接近心智中的"智"，更理智化、逻辑化；而 IP 定位更接近于心智中的"心"，更情感化、本能化。

"IP 思维图 08"品牌定位和 IP 定位的差异

品牌定位		IP定位	
理性 ╋ 感性		感性 ╋ 隐性	
社会化理智	自我意识	自我意识	潜意识情感

成功的品牌定位往往在消费者的大脑中锚定一个理智化的位置，并成为消费者的购买理由；而成功的 IP 定位具有明显的情感及潜意识成分，是一个能打动内心深处的情感共振点。

"IP 思维图 09"品牌和 IP 的异同点总表

品牌和 IP 的异同点总表

	品牌	IP
知识产权	商标权	著作权
心智战场	入脑	走心
意识层次	显意识	潜意识
意识属性	理智	情感
认知方式	判断	感受
商业点	立足行业	跨界行业
扩张点	消费需求	文化共识
文商关系	商业带动文化	文化驱动商业
成功模式	底部爆，上部成（产品）（品牌）	中心爆，周边成（形象／内容）（产品）

当我们做 IP 化品牌时，就是将上表中右侧的 IP 属性融入左侧的品牌属性中；而当我们要将 IP 发展为品牌时，就是要将左侧的品牌属性融入 IP 属性中。成功的品牌和 IP 最终一定会合体，因为品牌本就是 IP 的一种，而 IP 则是更深文化维度的品牌。

"IP 思维图 10"三个超级 IP 的情感定位

"IP 思维图 11"孵化 IP 的情感发展三步骤

孵化 IP 首先是要在种子期，将情感定位于深层次的"自我情感"，甚至更深层次的"情结"上；然后，在推出 IP 时，如果要快速爆发，就必须找到"情绪突破口"；最后进入长久的成长期，完成 IP"自我情感"的建设，使 IP 定位能真正立得住。

"IP 思维图 12" 情感背后的 "三位一体" 脑理论

"三位一体"脑（Triune Brain）是美国国家精神卫生研究院大脑研究和行为实验室主任麦克林提出的，将大脑分成爬虫脑、哺乳脑和理性脑，随着整个生物和人类的进化而产生，是三台不同的、各自运行的大脑计算机。爬虫脑，主管本能和无意识；哺乳脑，主管情感和情绪；理性脑，主管思考和逻辑。

"IP 思维图 13" "三位一体" 脑的显意识和潜意识

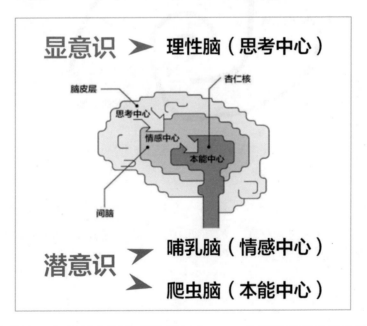

在人脑中，掌管显意识的理性脑仅占 8%，掌管潜意识的爬虫脑和哺乳

脑两者合计占据大脑的 92%。所以，潜意识其实比显意识要广阔和深邃得多。这正是 IP 情感定位强大力量的源泉——IP 所激发的情感，是定位在哺乳脑甚至爬虫脑的潜意识情感上，一旦成功，理性脑 / 显意识根本无法阻挡，人们可以无须语言和文字，甚至无须理由就直接产生喜爱之情。

"IP 思维图 14"IP 定位的情感和理智

IP定位

80%情感 + 20%理智

情感为体、理智为用，是一个 IP 迈向超级 IP 必不可少的工具。在每一个 IP 定位里，80% 是情感，20% 是理智；在 IP 魅力上，情感总是直接战胜理智。

"IP 思维图 15"在情结上形成的 IP 情感定位

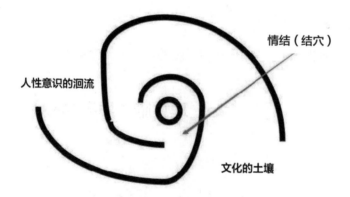

情结是人性欲望与人类集体无意识相结合的结点，如同中国风水中的结穴。最具有深度和力量的，是定位在人性"情结"上的 IP。现代 IP 没有足够长的时间去沉淀，但这并不影响一个 IP 能在推出的短短几十年时间内，就发展为年度营收过百亿美元的超级 IP，其根源就在 IP 情感定位的深度和文化土壤的广度上。

"IP 思维图 16" 贴近潜意识的 16 种情结

16 种情结

色的情结	懒的情结	傻瓜情结	阴影情结
负能量情结	热血情结	反叛情结	超能力情结
搏斗情结	傲娇情结	呆萌情结	逗趣情结
长不大情结	成人礼情结	宠伴情结	开悟情结

任何成功的文化 IP，其核心都是一个人类共通的情感经验模式，即"原型"，情结就是潜意识情感的原型。上图是我经过多年的深入探究，整理出的 16 种最贴近潜意识的情结原型，能给 IP 孵化者一个比较完整的指引。

"IP 思维图 17" 共情效应

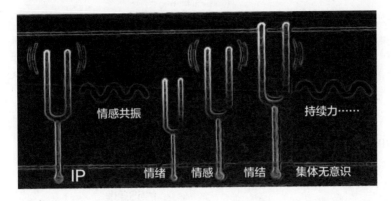

一个 IP 实现情感定位的关键是共情，有共情效应，情感定位才能落到实处。共情效应其实就是 IP 内藏的情感元素，与人们内心里同样的情感元素产生了情感共振，与物理学上的共振原理颇为相似。

【第二部分】

"IP 思维图 18" 超级 IP 孵化的 5S 原理

5S 原理包括情感、角色、世界观、故事和符号五个以 "S" 开头的英文单词，还包括文化母体的底盘，是一种系统化的产品思维。其本质是将 IP 孵化当成产品来开发，而非纯艺术思维，也不是注重短期的营销思维。

"IP 思维图 19" 文化母体

文化母体是人类文明在漫长的发展中，形成或正在形成的各种文化共识，由记忆、感受、生活方式和信仰体系组成。大至一个国家，小至一个城镇、一个村落，都会有文化共识，而宗教、节日、习俗、经典文化作品也会形成文化共识，这些都是文化母体。

总之，文化母体 = 有广泛共识的公共 IP，是新 IP 的能量源泉和底座，每一个新 IP 的诞生与发展，都是在"有共识的文化母体"上生成的。

"IP 思维图 20"文化母体与 IP 影响力

文化母体的广度、强势度、大众度，决定了 IP 影响力的边界：

（1）如果是定位在人类精神共性的文化母体，最有可能发展为全球化超级 IP 或 IP 化品牌。

（2）如果是定位在区域性的传统文化母体，就有可能成为区域性的超级 IP。

（3）如果文化母体是主流和强势的，就容易产生强势的 IP。

（4）非主流小众型的文化母体，孕育出大量的小众 IP。

当我们在创造新 IP 时，最好的办法是进行多个文化母体的融合，尤其是新老文化母体的相互融合，从而实现创新，既承载了经典，又结合了现代和未来。

"IP 思维图 21"第 1 个 S：情感内核

IP 的情感内核由情感定位、信念（价值观）和欲念（贪、嗔、痴、恨、爱、恶）三者组成。情感定位是中心点；信念就是"大我"，是超越生活的价值观追求；欲念反过来是"小我"，即生活中的各种贪、嗔、痴、恨、爱、恶。"大我"和"小我"之间会发生各种"天人交战"，是 IP 的核心能量动力。

"IP 思维图 22"《西游记》的情感内核

比如，在《西游记》中，唐僧去西天取经是信念、是前进的推动力；而孙悟空、猪八戒、妖怪等的各种爱、恶、贪、嗔则是欲念，是取经的阻力。信念虽然是推动力，却显得很迂腐和无趣，欲念虽然是阻力，却很通人性、很有趣，两者撞击和冲突，就形成了《西游记》的取经故事。

"IP 思维图 23"情感内核是 IP 的能量场

我们完全可以将一个个 IP 视为一个个"燃烧的能量场"。情感定位是 IP 能量的原点，而"信念—大我"与"欲念—小我"不同的交战方式，形成不同的"能量场"种类，主要分为"正能量"场、"反能量"场、"沼泽中的能量"场和"幸运儿的能量"场四种。

"IP 思维图 24"创造 IP 角色三步法

创造 IP 角色三步法是一个产品化设计过程，不像过往只凭灵感一蹴而就，可能过程很难，但只要能步步到位，角色更可能发展为高情感力的形象，有机会孵化为超级 IP。

"IP 思维图 25" IP 角色的两大类型设定

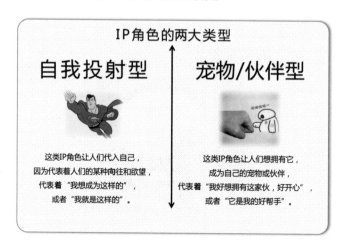

综观世界上所有成功的 IP 角色，无论是来自内容还是来自形象，几乎都不出这两大类型：自我投射型与宠物 / 伙伴型，代表着 IP 角色和人的两种最基本的情感关系。"自我投射型"让人在自我代入中获得提升和满足；"宠物 / 伙伴型"不需要代入，而是给人带来帮助和陪伴。

"IP 思维图 26" IP 角色的三观设定

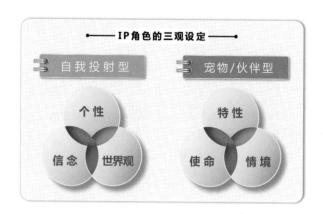

在确定 IP 角色的类型后，还要树立 IP 角色的三观，以确保情感价值的实现。其中，"自我投射型"角色的三观是个性、信念、世界观；而"宠物 / 伙伴型"角色的三观是特性、使命、情境。一定要将这两种类型的角色分开进行设定，不能混为一谈。

"IP 思维图 27" 两种角色的三观对比

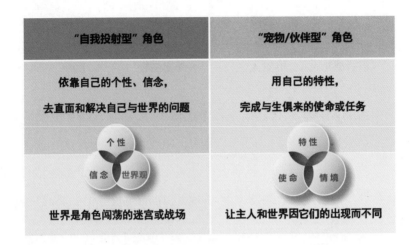

"IP 思维图 28" IP 角色的六种情感调色板

　　IP 角色的情感定位越接近潜意识，能量就越强大。我将最接近潜意识的情感梳理出来，基本有六种：萌、骚、燃、丧、拽、呆。所有强大的 IP 角色，基本都是这六种情感中的一种或多种混合，所以称之为"六种情感调色板"。

"IP 思维图 29" IP 角色的 8 种身份

IP角色的8种身份

人	宠物	精灵	怪物
属性动物	机器人	外星生物	魔兽

人们很容易陷入单向化思维，在考虑做 IP 形象时，脑子里默认的就是动物或人，结果往往是平庸乏味的。其实，IP 角色远不止是动物或人这么单调，还有宠物、精灵、怪物、机器人、外星生物、魔兽等更多生动有趣的身份，让 IP 有更多可创意和应用的空间。如果在 IP 的角色身份上能有更多突破，就更容易独特鲜明，具有更深的内涵。

"IP 思维图 30" 形象化 IP 的工作步骤

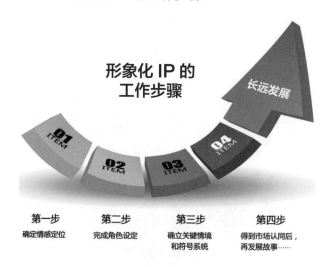

第一步	第二步	第三步	第四步
确定情感定位	完成角色设定	确立关键情境和符号系统	得到市场认同后，再发展故事……

形象化 IP 的开发，要像做产品一样，从定位做起，再到设定，再到情境和符号，而不是随便想一想，然后找一个设计师、美术师画出来就能做好的。对于形象化 IP 来说，一个鲜明独特、打动人心的形象角色，几乎就是 IP 的全部，一旦开始做不好，后面就无法发展了。

"IP 思维图 31"IP 世界观设计的六脉神剑

在 5S 原理中，世界观负责完成系统性 / 生态性的建设：世界观不系统，IP 会是一团乱麻；世界观无生态，IP 没有发展的生机。想孵化出超级 IP，世界观设计是绝对无法绕过的坎。

上图是 IP 世界观设计的六脉神剑。这六脉两两成对，分别是"元设定"与"文化母体""规则"与"冲突""情境"与"人与物"，是创造世界观不可或缺的六种动力。

"IP 思维图 32"《捉妖记 1》的世界观设计系统

"IP 思维图 33"《流浪地球》的世界观设计系统

"IP 思维图 34"世界观不同而形成的内容 IP 分类

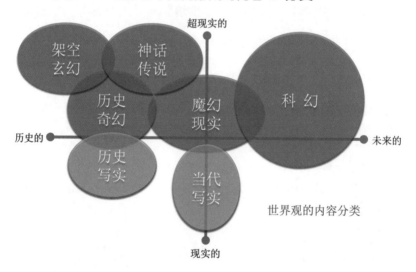

上图是根据世界观的不同而形成的 IP 分类，其中要想成为能创造超级文化符号的超级 IP，基本都在上半部分，纯现实的故事，由于不擅长创造新文化符号，是很难做到的。

"IP 思维图 35" IP 世界观的情境力量

在 IP 世界观设计六脉神剑中，观众最容易感受到的就是"情境"，它决定了世界观的空气，决定了冲突的善恶之分，决定了与观众的情感连接关系，也决定了整个 IP 作品的美学风格。总之，"情境"必须到位，世界观才能真正落到实处。

"IP 思维图 36"创造超级 IP 的 9 种故事原型

超级IP的9种故事原型

每个超级 IP 的故事，都有一个定位在基本人性点上的故事原型。好莱坞原本有一整套的故事原型分类法，但主要针对的是真人剧情片，对动漫关注不够。我在好莱坞分类的基础上做了一些调整，进行了新的故事原型分类，

超级 IP 孵化原理

更关注如何孵化超级 IP。

"IP 思维图 37" 超级 IP 文化符号设计

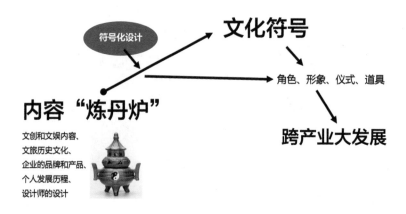

一个 IP 能否具有符号性、辨识度、可拓展性，是 IP 能否升级转化为文化符号的通行证。因为 IP 授权的本质是围绕着 IP 的核心符号展开的，如果在起初孵化 IP 时不注重符号性，内容的"炼丹炉"就没有成丹率，就很难实现 IP 的跨产业大发展。因为在跨产业的过程中，传播的只能是最有代表性的符号。

【第三部分】

"IP 思维图 38" 5S 原理对不同行业做 IP 的出发点不同

244

不同的行业，可以选择 5S 原理中的不同"S"，作为开发 IP 的第一出发点。

"IP 思维图 39" IP 化的 6 个观念转变

企业的 IP 化，简而言之，就是将文创产业的 IP 孵化和养育方法，引入企业的品牌 / 产品 / 服务工作中。这首先需要观念的转变，然后是 5S 原理的产品思维运用。

"IP 思维图 40" IP 化需要下沉到产品和服务

正如同产品是营销的基础，同样的，产品 IP 化才是品牌 IP 化的基础。产品角色化或者服务场景化，才是企业的 IP 化的正道。而且如果这样做，即使是营销费用不高的中小企业、小产品，也同样能实现 IP 的赋能。

"IP 思维图 41" 内容和产品是一对好搭档

产品 + 内容的组合,其实就是产品 / 服务的 IP 化,包括:不断有"多巴胺式"刺激情感的产品;将产品变成道具,把服务变成仪式;打造长期的活动 IP,甚至变成节日;将产品 / 服务比拟为宠物 / 伙伴型 IP 角色,等等。

"IP 思维图 42" IP 化的快、中、慢结合

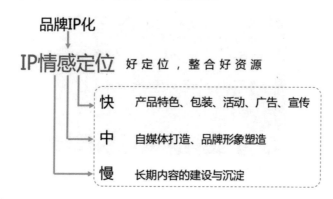

企业 IP 化路线,应该是从情感定位开始,结合产品和渠道,进行快、中、慢的合理搭配。这一过程要做好,需要企业内部有很强的 IP 观念和运作能力。如果抛开产品和渠道,单指望内容和自媒体自行爆发,那等于商业企业去做内容公司或媒体,基因是不对的。

"IP 思维图 43" IP 爆款诞生的四个必要条件

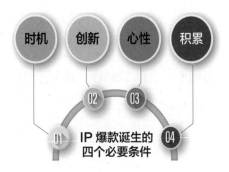

时机、创新、心性、积累，是一个有超级 IP 潜质爆款诞生的四大必要条件。由于 IP 的成功始终有很大的不可测性，所以，即使具备了四大条件也不一定能成为爆款，它们是必要的，而非充分的。

新 IP 爆款需要同时抓住新时代的情感渴求和新技术表现方式。没有足够的情感积累不足以形成爆款，没有足够强的心性不足以发展为超级 IP。

"IP 思维图 44" IP 就像一条河流

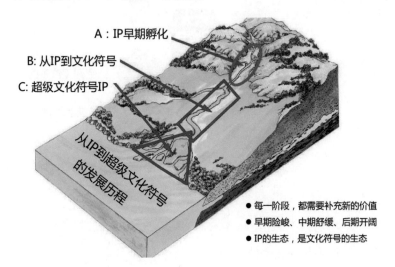

IP 就像一条河流，大部分会消失或汇入更大的河流，只有少数的 IP 能发展壮大。在 IP 发展的过程中，每一阶段，IP 都需要补充新的价值。只有不断吸纳创新，才有可能形成跨产业的生态体系。

"IP 思维图 45"超级 IP 的三大进阶过程

从 IP 到超级 IP 的进阶，分为三个阶段：第一个阶段是从 0 到 1，不急功近利的孵化孕育；第二个阶段是 1 到 10，产品化、设计化和社群化，第三个阶段是从 10 到 100，品牌化和生态化。

"IP 思维图 46"适合 IP 聚焦的六大核心产业

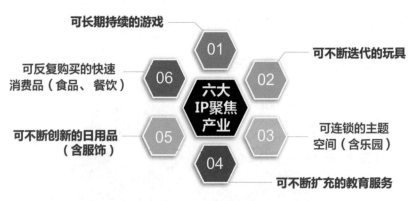

内容 IP，在内容初步成功后，最好能依靠核心主产业主力前进，而不只是泛泛地授权，后者很容易不持久。6 种最可能做强 IP 的核心产业是游戏、玩具、主题空间（含乐园）、教育服务、日用品（含服饰）、快速消费品（食品、餐饮）等。其共同特征是高体验感、高频次和高心理附加值。全球前 50 大 IP，绝大多数都有 1~2 个核心产业。

"IP 思维图 47" 超级 IP 的跨产业发展类别

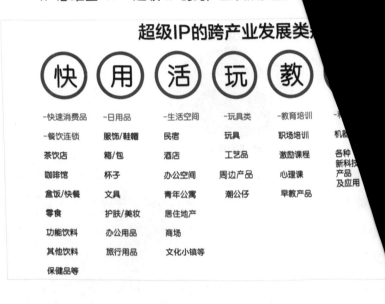

超级IP的跨产业发展类别

快	用	活	玩	教	
-快速消费品	-日用品	-生活空间	-玩具类	-教育培训	-新
-餐饮连锁	服饰/鞋帽	民宿	玩具	职场培训	机器
茶饮店	箱/包	酒店	工艺品	激励课程	各种新科技产品及应用
咖啡馆	杯子	办公空间	周边产品	心理课	
盒饭/快餐	文具	青年公寓	潮公仔	早教产品	
零食	护肤/美妆	居住地产			
功能饮料	办公用品	商场			
其他饮料	旅行用品	文化小镇等			
保健品等					

"IP 思维图 48" IP 像生命体，会有春、夏、秋、冬

IP 的萌发／孵化　　符号化　　IP 的爆发／积累

孕育新生机
复活再生

IP发展
生命周期

符号化可变现

IP 的消退和枯槁期　　IP 价值的第一波变现

春　夏　冬　秋

　　IP 的发展，远不是培育、爆发、价值长期变现这么简单轻松的。IP 就像一个生命体，不只有孕育成长期、爆发期、收获期，其实还有消退和枯槁期，如同一株生命之树，必然要经过大自然的春、夏、秋、冬。其中需要忍耐的煎熬期是一定会出现的，需要通过周期性创新，注入崭新的活力。

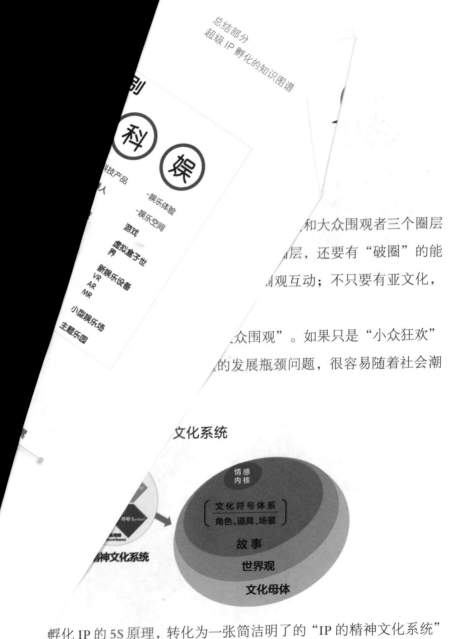

科　娱

科技产品
人　　　-娱乐体验
　　　　-娱乐空间
游戏
虚拟盒子世
界
新娱乐设备
VR
AR
MR

小型娱乐场
主题乐园

……和大众围观者三个圈层

……层，还要有"破圈"的能

……观互动；不只要有亚文化，

……众围观"。如果只是"小众狂欢"

……的发展瓶颈问题，很容易随着社会潮

文化系统

情感
内核

文化符号体系
角色、道具、场景

故事

世界观

文化母体

……精神文化系统

……孵化 IP 的 5S 原理，转化为一张简洁明了的"IP 的精神文化系统"

……，"文化母体""世界观""文化符号体系"是 IP 的文化共识度部分；

……情感内核""角色、道具、场景""故事"是 IP 的情感共鸣度部分。

……用这张图去衡量不同的 IP，就能清晰地看到 IP 在不同方面的强度、各

种类别 IP 的优势和劣势，以及 IP 在未来能应用到哪些行业。

"IP 思维图 51"《哪吒之魔童降世》的精神文化系统

	《哪吒之魔童降世》的精神文化系统		
文化母体	"双黄蛋"：(封神文化、哪吒故事) + (二次元、新人类文化)		
世界观	经典世界观：神仙-人-妖魔 新情境（价值观）：反抗天命、邪能转正		
情感内核	"我命由我不由天！" + 爱(亲情、友情)		
故 事	魔丸与灵珠的反抗宿命的成长故事		
文化符号体系	角色	主角：哪吒（魔丸）与敖丙（灵珠）的双生一体 导师：太乙真人、申公豹 | 父母：李靖（父）、殷夫人（母）、龙王 其他：陈塘关百姓（人）、海夜叉（妖）、元始天尊、长生云、结界守卫（仙）等	
	道具	哪吒：乾坤圈、混天绫、火尖枪、风火轮 | 敖丙：万龙甲 太乙真人：拂尘、飞天猪 | 指点江山笔、混元珠等	
	场景	山河社稷图、仙界、人界、魔界（海底）	

上面是新版哪吒 IP 的精神文化系统，可以清楚地看到其价值的能量和未来巨大的潜力。

不只是新版哪吒，几乎所有 IP，都可以用结合情感共鸣度和文化共识度的"IP 精神文化系统"图描述出来，其优势和劣势、成功和不足都会一目了然。

"IP 思维图 52"超级 IP 实力两大指数：情感共鸣度与文化共识度

情感共鸣度和文化共识度，是能真正评估 IP 实力的两大指数。我们完全可以将 IP 的成长，视为情感共鸣度和文化共识度的增长。

以上 52 张思维图，就是一整套 IP 孵化的知识图谱。当然，任何方法论都不能确保孵化超级 IP，但这至少能让 IP 孵化过程更可靠、更具有产品思维。